Zu diesem Buch

Verantwortungsbewußtsein ist ein Pfeiler der positiven Entwicklung aller Kinder, und die Fähigkeit, Verantwortung zu übernehmen, ist ein Schlüssel zur Eröffnung des persönlichen Potentials eines jeden Kindes. Dieses Buch zeigt anhand vieler Alltagssituationen, wie man Kinder in der Entwicklung ihres Verantwortungsgefühls fördern und unterstützen kann und wie Eltern und Pädagogen ihr eigenes Verhalten beobachten und einschätzen lernen können.

(Außerdem lieferbar «Selbstbewußte Kinder», rororo 8822, und «Ohne Regeln geht es nicht», rororo 9754)

Harris Clemes / Reynold Bean

Verantwortungsbewußte Kinder

Was Eltern und Pädagogen dazu beitragen können

Deutsch von
Barbara Cox

rororo
Rowohlt

rororo – Mit Kindern leben

Lektorat Bernd Gottwald
Redaktion Sven Brouwers
Umschlaggestaltung Peter Wippermann / Jürgen Kaffer
(Foto: Grant V. Faint / The Image Bank)

11.–13. Tausend Januar 1997

Veröffentlicht im Rowohlt Taschenbuch Verlag GmbH,
Reinbek bei Hamburg, Juli 1993

Die Originalausgabe erschien unter dem Titel
«How to Teach Children Responsibility» bei
Price Stern Sloan, Inc., Los Angeles, California, USA

Satz Times PostScript Linotype Library, PM 4.2
Langosch Grafik + DTP, Hamburg
Gesamtherstellung Clausen & Bosse, Leck
Printed in Germany
990-ISBN 3 499 19132 6

Inhalt

Einleitung 7

Was ist Verantwortung? 9

Die Entwicklung von Verantwortung beim Kind 17

Entscheidungen treffen 21
Mangelnde Entscheidungsfähigkeit
= Verantwortungslosigkeit 22
Grenzen erkennen 25

Wenn die Aufgaben keinen Spaß mehr machen 27

Hindernisse, die den Eltern im Wege stehen 31
Schuldgefühle der Eltern und ihre Folgen 31
Warum es Eltern schwerfällt, ihre Kinder zu bestrafen 35
Die Kindheit der Eltern beeinflußt ihr eigenes Verhalten 38

Wie Groll bei Eltern entsteht und sich auf Kinder auswirkt 41
«Es ist leichter, wenn ich es selbst mache» 44

Wie Kinder darauf reagieren, wenn von ihnen Verantwortung gefordert wird 47
Warum Kinder sich nicht schlecht fühlen, wenn sie sich unverantwortlich verhalten 49
Wie Kinder die Entscheidungen von Eltern sabotieren 51
Vergessen 53
Wie Kindern anderen die Schuld geben 55

Wenn Kinder die Gefühle anderer verletzen 59

Eltern als Vorbilder für verantwortungsbewußtes Verhalten 63

Wieviel darf man von Kindern erwarten? 67

Wie man Kindern Verantwortung nahebringen kann 71
Helfen Sie Kindern, Entscheidungen zu treffen 73
Regeln und Grenzen 77
Aufgaben können zur Entwicklung von Verantwortung beitragen 78
Seien Sie konsequent 79
Vermeiden Sie Willkür 80
Verantwortung sollte belohnt werden 83

Probleme in der Schule 85

Woran man verantwortungsbewußte Kinder erkennt 89

Einleitung

Das wichtigste Geschenk, das wir unseren Kindern machen können, ist, sie zu Verantwortungsbewußtsein zu erziehen. Aus ihm erwächst die Fähigkeit, für sich selbst zu sorgen und als Erwachsene verantwortungsvoll zu handeln.

Wir können Verantwortungsbewußtsein in unseren Kindern stärken, indem wir ihnen durch ihre eigenen Erfahrungen die Konsequenzen bestimmter Verhaltensweisen verdeutlichen.

Kinder sind flexibel. Das müssen sie auch sein, denn Kinder müssen auf das reagieren, was Eltern und Lehrer für sie in bester Absicht als Erziehungsziele gesetzt haben. Das Problem ist, daß wir so viele Jahre warten müssen, bevor wir das Ergebnis unserer Bemühungen einschätzen können. Wir müssen in unsere Kinder und uns selbst Vertrauen setzen, und es ist hilfreich, Methoden zu benutzen, die sich als effektiv herausgestellt haben. Glücklicherweise wachsen die meisten Kinder zu anständigen, reifen, verantwortungsvollen Erwachsenen heran. Nur ist die Entwicklung von der Kindheit bis zur Reife schwer abzuwarten.

Dieser Ratgeber möchte Eltern und Lehrern helfen, ihren Kindern anhand bewährter Methoden das Bewußtsein von Selbstachtung, guten Charaktereigenschaften und angemessenen Zielen und Interessen mitzugeben. Dies ist möglich, wenn

Kinder die Fähigkeit zu verantwortungsvollem Handeln entwickeln. Wir haben seit über dreißig Jahren Erfahrung als Familienberater, Lehrer und als Väter. Nach unserer Überzeugung ist die Erziehung zur Verantwortung die Voraussetzung dafür, das eigene Leben selbst positiv gestalten zu können.

Was ist Verantwortung?

Laut Medien haben sich Kinder im allgemeinen zum Schlechten hin verändert. Immer wieder wird von Kindern mit extremen Verhaltensweisen berichtet. Es gibt Diskussionen über das gesunkene Leistungsniveau bei Schulabschlüssen und über mangelnde Grundfertigkeiten bei Schülern und Studenten. Die Statistik zeigt einen Anstieg der Jugendkriminalität, und wir hören erschreckende Berichte über Kinder-Pornographie. Ständig werden wir mit Berichten über die Sorgen und Leiden von Kindern konfrontiert, und somit auch mit Sorgen und Leiden der Eltern.

Vergegenwärtigt man sich die enormen Veränderungen in der heutigen Welt, wird einem klar, wie sehr sich die Situation von Kindern und Jugendlichen verändert hat. Die Auswirkungen gesellschaftlicher Wandlungen betreffen auch junge Menschen, an denen häufig sogar die neuen Entwicklungen am ehesten «abzulesen» sind.

Der Druck sozialer Veränderungen wirkt sich sicherlich auf das Verhalten von Kindern aus. Dennoch sind viele Probleme von Kindern in ihren alltäglichen Erlebnissen begründet und wurzeln in ihren frühen Erfahrungen innerhalb der Familie.

In unserer sich wandelnden Gesellschaft ist es auch für Eltern schwieriger geworden, Entscheidungen in Hinblick auf ihre

Kinder zu treffen. Viele Eltern, die sich für diese Rolle gewappnet fühlten, sind sich ihrer Aufgaben und Verpflichtungen nicht mehr sicher.

Wir wollen in diesem Ratgeber weder den Eltern noch gesellschaftlichen Einrichtungen die Schuld für die Schwierigkeiten, denen Kinder ausgesetzt sind, zuweisen. Letztlich sind Kinder für die Entscheidungen über ihr Verhalten verantwortlich, was auch jeder Lehrer, Berater, Bewährungshelfer oder Polizist bestätigen wird. Viele Eltern, die ihr Bestes tun, um ihrer Rolle verantwortungsvoll gerecht zu werden, müssen feststellen, daß ihre Kinder trotzdem Entscheidungen treffen, die das Zurechtkommen in einer ständig komplexer werdenden Welt erschweren.

Obwohl wir uns in diesem Ratgeber mit der Erziehung zur Verantwortung befassen, möchten wir nicht den Eindruck erwecken, daß auf alte Erziehungsmethoden bzw. -formeln zurückgegriffen würde. Körperliche Züchtigung oder die Einstellung, «Kinder darf man sehen, aber nicht hören», helfen uns nicht viel weiter, wenn wir mit eigenen Wertvorstellungen konfrontiert werden. Wir müssen uns mit den Abläufen befassen, die innerhalb der Familie stattfinden *können* und die dazu beitragen können, Kinder für ein produktives und befriedigendes Leben in einer komplexen Welt auszustatten.

Für die Erziehung zur Verantwortung ist sowohl zu Hause als auch in der Schule ein besonderes Klima notwendig: In einem solchen Klima wird über Entscheidungen und ihre Folgen gesprochen; es wird die Hilfe und Unterstützung angeboten, die gute Entscheidungen ermöglichen.

Was ist Verantwortung? Unter diesem Begriff verstehen wir vor allem die Fähigkeit, auf eine Situation angemessen zu reagieren bzw. angemessene und effektive Entscheidungen treffen zu können.

Unter *angemessen* verstehen wir, daß ein Kind meist Entscheidungen trifft, die sozialen Normen und allgemeinen Erwartungen entsprechen, um gute Beziehungen aufzubauen, um Erfolg zu haben und um sich sicher und geborgen zu fühlen.

Wenn ein Kind zum Beipiel eine fremde Person anspuckt, von der es begrüßt wird, so kann man diese Reaktion als unangemessen betrachten. Dies hat nichts mit einer absoluten Regel zu tun, Kinder sollten nicht fremde Menschen anspucken, sondern mit der Tatsache, daß sich dieses Verhalten höchstwahrscheinlich negativ auf die Beziehung zwischen dem Kind und der Person auswirkt. Wenn das Kind dagegen in derselben Situation lächelnd den Gruß erwidert, wird sich die Beziehung eher positiv entwickeln.

Es ist hier jedoch nicht notwendig, über das, was als angemessen gilt, theoretisch zu werden. Obwohl sich beim besten Willen nicht immer alle einig sein werden, was in einer bestimmten Situation angemessen ist, werden die meisten Beziehungen, die ein Kind aufbaut, durch soziale Normen, Takt und gute Manieren beeinflußt. Das angemessene Verhalten eines Kindes spiegelt sich im erfolgreichen und befriedigenden Umgang mit anderen Menschen wider, und dies verstärkt wiederum seine Neigung, sich angemessen zu verhalten.

Unter *effektiv* verstehen wir, daß ein Kind durch sein Verhalten Ziele erreichen kann, die zur Entwicklung seines Selbstwertgefühls führen. Wenn ein Kind zum Beispiel einen Freund besuchen möchte, muß es zunächst die Erlaubnis seiner Eltern einholen. Fragt das Kind offen und direkt und ohne zu quengeln, wird es wahrscheinlich eine positive Antwort erhalten. Verhält sich ein Kind taktvoll, werden die Eltern sogar freundlich auf die Wünsche des Kindes eingehen.

Damit sich ein Kind effektiv verhalten kann, muß es in einer Situation Prioritäten setzen können. Handelt es lediglich aus Eigeninteresse, ohne die Grenzen anderer Menschen zu respektieren, kann es sich selbst *und* anderen Schwierigkeiten bereiten. Müssen Eltern zum Beispiel einen Termin einhalten, der die ganze Familie betrifft, sollten sie sich darauf verlassen können, daß auch die Kinder rechtzeitig fertig sein werden, und daß nicht ein *einzelnes* Familienmitglied die Rechte der anderen verletzt. Es ist für das Verantwortungsgefühl eines Kindes sehr wichtig, Entscheidungen zu treffen, die die Bedürfnisse und Interessen *anderer Menschen* berücksichtigen.

Dazu muß ein Kind sich des Standpunktes anderer bewußt werden, um bei seinen Entscheidungen die Bedürfnisse, Rechte und Verantwortung anderer Menschen berücksichtigen zu können. Wenn ein Kind Feedback bekommt, vor allem von seinen Eltern, lernt es, wie andere Menschen die Dinge sehen. So lernt das Kind, flexibel zu sein, und erkennt allmählich, daß Maßstäbe und Erwartungen auch situationsbedingt sein können.

Kinder müssen sich auch ihrer eigenen Bedürfnisse und Ziele bewußt sein. Ein Kind zeigt Verantwortung, wenn seine Handlungen sowohl die eigenen Ziele als auch die Bedürfnisse anderer Menschen berücksichtigen. Eltern können ihrem Kind helfen, diese Balance zu erreichen, indem sie mit dem Kind dessen Werte durchdenken und ihm helfen, bei Problemlösungen die eigenen Gefühle zu erkennen.

Handelt ein Kind verantwortlich, so wird ihm dies Erfolgserlebnisse und Belohnungen verschaffen. Dagegen wird ein Kind, das unverantwortlich handelt, Strafe und Kritik erhalten, wodurch sein Selbstwertgefühl leidet. Als Folge wird es sowohl den eigenen Reaktionen mißtrauen als auch dem Verhalten anderer ihm gegenüber. Letztlich wird es eine negative Lebenseinstellung entwickeln.

Damit Kinder Verantwortung lernen, bedarf es auch eines gewissen Anreizes. Es ist für ein Kind schwierig, verantwortungsbewußt zu handeln, *ohne* dafür Belohnung *und* Lob zu erhalten. Andererseits wird sich ein Kind weiterhin verantwortungslos verhalten, wenn es übermäßig kritisiert, lächerlich oder verlegen gemacht wird.

Eine Schwierigkeit, die Kinder beim Lernen von Verantwortung haben, ist, daß sie eigene Bedürfnisse manchmal so lange zurückstellen müssen, bis sie Vereinbarungen mit anderen nachgekommen sind. Für angemessenes Verhalten gibt es häufig keine unmittelbare Belohnung, und manchmal läßt sich schwer definieren, welche Vorteile ein Kind effektiv durch eine gute Leistung oder gutes Verhalten hat. Dies ist aber kein Problem, wenn sich das Kind darauf verlassen kann, daß es von den Eltern in regelmäßigen Abständen für verantwortungsbewußtes Verhalten belohnt wird. Zuweilen müssen Kinder daran erinnert werden, daß sie eine Belohnung bekommen werden, und Eltern sollten sorgfältig darauf achten, daß sie ihre Versprechen auch einhalten. Aufgrund dieser Belohnungen wird das Kind allmählich Verantwortung mit guten Gefühlen in Zusammenhang bringen, und mit der Zeit ist dann die Belohnung immer weniger wichtig.

Verantwortlich sein bedeutet auch, daß sich ein Kind manchmal für eine eher unangenehme Sache entscheiden muß. Die Notwendigkeit, bestimmte Aufgaben im Haus zu übernehmen, steht häufig dem Wunsch entgegen, einer angenehmeren Tätigkeit nachzugehen. Die Fähigkeit, Verpflichtungen einzuhalten, auch *wenn* sie unangenehm sein sollten, ist für die Ausbildung des Verantwortungsgefühls notwendig. Kindern zu helfen, sich mit diesem Problem auseinanderzusetzen, ist eine wichtige, wenn auch schwierige Aufgabe. Eltern sollten ihre Kinder daran erinnern, daß das Unangenehme meistens wenig Zeit in Anspruch nimmt, und daß die daraus gewonnenen Vorteile, wie Lob, Zuneigung oder Belohnungen, *um so* angenehmer sind. In dieser Hinsicht brauchen kleine Kinder viel Geduld und Toleranz, weil sie ihre Gefühle meistens nicht eindeutig ausdrücken können.

Viele Kinder haben Schwierigkeiten mit Situationen, in denen Verantwortung bedeutet, daß zwischen den eigenen Impulsen und Verpflichtungen gegenüber anderen abgewogen werden muß. Kinder neigen zu impulsiven Handlungen und schätzen Situationen auf mögliche Folgen häufig nicht richtig ein.

Eltern sollten Kinder dahin führen, daß sie in der Lage sind, auch Entscheidungen zu treffen, die ihrem Spieltrieb bzw. dem Bedürfnis, sich zu amüsieren, entgegenstehen.

Es ist paradox, daß ein Großteil des impulsiven Verhaltens kleiner Kinder auf dem Gefühl von *Geborgenheit* und *Sicherheit* beruht. Dieses Sicherheitsgefühl gibt dem Kind das Privileg, Gefühle auszuleben, ohne sich übermäßig um schmerzhafte Folgen zu kümmern.

Wir gehen davon aus, daß Kinder für weite Bereiche ihres Lebens verantwortlich sind und daß sie *immer* für das, was sie tun und sagen, verantwortlich gemacht werden sollten. Es ist klar, daß Kinder falsche Entscheidungen treffen, wenn es ihnen an Erfahrung fehlt. Eltern müssen Toleranz und Geduld aufbringen, während sich ein Kind die entsprechenden Erfahrungen aneignet. Letztlich müssen die Eltern innerhalb der Familie für verantwortungsfördernde Regeln und Maßstäbe sorgen und den Grad der Verantwortung, zu dem ihre Kinder fähig sind, einschätzen. *Werden Kinder nicht für ihr Verhalten verantwortlich gemacht, ist es für sie schwierig, aus eigenen Erfahrungen zu lernen.*

Kindern *Verantwortung* beizubringen heißt nicht, ihnen *Schuldgefühle* zu vermitteln. Kinder mit Verantwortungsbewußtsein sind fähig, Situationen einzuschätzen und Entscheidungen zu treffen, die sowohl für sie selbst als auch für andere angemessen sind. Kinder, die durch Schuld motiviert werden und den *Eindruck vermitteln*, verantwortlich zu sein, treffen ihre Entscheidungen aufgrund «besonderer» Kriterien. Sie wollen Strafen oder Schmerzen vermeiden; sie können andere Meinungen oder Kritik nicht dulden; sie sind übermäßig auf die Anerkennung von Erwachsenen angewiesen. Die Unterschiede zwischen Kindern mit Schuldgefühlen und Kindern mit Verantwortungsbewußtsein sind in der folgenden Tabelle aufgeführt:

Kinder, die durch Schuld motiviert werden

Verhaltensziele	*Vermeidung* von Schmerzen, Strafen, Kritik oder Mißbilligung
Verhalten	Beschwichtigung, Abhängigkeit von anderen, starre Haltung gegenüber neuen Situationen
Schwerpunkt ihrer Aufmerksamkeit	Vergangenheit, Erinnerungen an schmerzhafte Situationen bzw. Kritik, an vergangene Situationen, in denen sie sich sicher fühlten.
Gefühle zu sich selbst	Selbstbeschuldigend, besorgt und ängstlich, wenig Selbstwertgefühl

Kinder mit Verantwortungsbewußtsein

Verhaltensziele	*Erfüllung* der eigenen Bedürfnisse oder der Bedürfnisse anderer Menschen
Verhalten	Unabhängigkeit, Flexibilität, Offenheit
Schwerpunkt ihrer Aufmerksamkeit	Gegenwart oder Zukunft – Angenehmes jetzt zu erleben oder neue Ziele zu setzen. Erinnerungen an erfolgreiche Erfahrungen in der Vergangenheit.
Gefühle zu sich selbst	Anerkennend und positiv, hohes Selbstwertgefühl

In diesem Ratgeber wollen wir einen Weg zeigen, Kindern Verantwortung beizubringen und gleichzeitig ihre Schuldgefühle und Selbstverurteilung zu verringern. Die hier dargestellten Methoden fördern die Fähigkeit des Kindes, Entscheidungen zu treffen, die zu einem höheren Selbstwertgefühl führen. Schließlich ist dies ja auch der Grund dafür, sich verantwortungsvoll zu verhalten.

Die Entwicklung von Verantwortung beim Kind

Die Fähigkeit, Verantwortung zu tragen, wird nicht vererbt. Sie muß durch Erfahrung entwickelt werden. Ein Kind beginnt das Leben mit wenig Mitteln zur Selbsterhaltung und trägt weder für sich selbst noch für andere die Verantwortung für Sicherheit oder Glück. Spätestens als Erwachsener muß es gelernt haben, die Verantwortung für alles, was in seinem Leben geschieht, zu übernehmen. Dieser Lernprozeß beginnt mit dem ersten Tag seines Lebens und muß sich ständig fortsetzen. Ein Kind begreift durch den alltäglichen Umgang mit seinen Eltern, mit Lehrern und Gleichaltrigen allmählich die Bedeutung von Verantwortung.

Bei diesem Umgang wird das Kind unter anderem mit Erwartungen konfrontiert, und es muß lernen, angemessen und effektiv darauf zu reagieren. Schon in der frühen Kindheit sollte dem Kind möglichst eindeutig vermittelt werden, was von ihm erwartet wird. Reagiert das Kind auf diese Erwartungen, braucht es Feedback, wie gut es diese Erwartungen erfüllt hat. Zugleich müssen ihm alternative Handlungsmöglichkeiten gezeigt werden, damit es lernen kann, mit unterschiedlichen Situationen umzugehen.

Ein Kind kann Verantwortungsbewußtsein nur entwickeln, wenn:

- ➢ ihm Verantwortung übertragen wird
- ➢ es Feedback über die Effektivität seiner Handlungen erhält
- ➢ es über alternative Handlungsmöglichkeiten in verschiedenen Situationen informiert wird

Mit zunehmender Reife des Kindes erhöht sich auch die Zahl der Situationen, für die es die Verantwortung übernimmt. Die Dinge, für die es Verantwortung trägt, ändern sich, und seine Fähigkeit, verantwortungsvoll zu *sein*, wird differenzierter. Als Beispiel: Begegnet ein zwei- oder dreijähriges Kind anderen Menschen, ist es nicht ungewöhnlich, daß es weint, sich zurückzieht oder sich hinter seiner Mutter versteckt. Eine ähnliche Reaktion wäre allerdings bei einem Vierzehn- oder Fünfzehnjährigen höchst ungemessen. Je vielfältiger die Erfahrungen sind, die ein Kind machen kann, und je häufiger es den Umgang mit unterschiedlichen Erwartungen erfährt, desto größer wird die Auswahl an effektiven Handlungen, auf die das Kind später zurückgreifen kann.

Wir lernen zum großen Teil aus den eigenen Fehlern. Wenn aber ein Kind nicht lernt, *warum* etwas ein Fehler war oder *welche Alternativen* es gehabt hätte, so kann es keine Fortschritte machen. Häufig begegnen wir Menschen, die immer wieder die gleichen Fehler begehen, weil sie keine besseren Alternativen kennen.

Kinder lernen ständig, ihr Eigeninteresse mit der Verantwortung gegenüber anderen abzuwägen. Die Einsichten darüber, auf welche Weise wir gegenüber anderen und für andere verantwortlich sind, sind Bestandteil des Reifungsprozesses.

Häufigstes Handlungsmotiv eines Kindes ist sein Eigeninteresse. Dies ist kein Zeichen für schlechte Charaktereigenschaften, sondern vielmehr ein angemessenes frühes Lernstadium in Hinblick auf die Verantwortung, die das Kind für *sich* selbst und *sich* gegenüber trägt. Eigeninteresse sollte nicht mit der Verantwortung, die man für sich selbst hat, verwechselt werden. Ersteres verneint bzw. übersieht die Bedürfnisse anderer, während letzteres zugleich die Wechselwirkungen zwischen uns und anderen berücksichtigt. Mit zunehmender Reife tritt die Erkenntnis ein, daß wir durch das Wahrnehmen unserer Verantwortung anderen gegenüber *gleichzeitig* im eigenen Interesse handeln.

Kindern die Entwicklung eines Verantwortungsbewußtseins zu ermöglichen, verlangt von den Eltern Geduld und Toleranz sowie Klarheit und Beständigkeit ihrer Erwartungen.

Sehen Eltern und Lehrer ein, daß Kinder durchaus Fehler machen werden, aber sowohl über ihre Fehler *als auch* über mögliche Alternativen aufgeklärt werden müssen, so ist die Grundlage für die Entwicklung von Verantwortungsbewußtsein des Kindes geschaffen. Dieses Verantwortungsbewußtsein wird das Kind auch als Erwachsener begleiten.

Entscheidungen treffen

Verantwortungsbewußtes Handeln hat nichts mit der starren Befolgung von Anweisungen zu tun. Entscheiden andere darüber, was ein Kind zu tun hat, ist das Kind lediglich ein «Werkzeug», um den Willen der Erwachsenen auszuführen. Verantwortungsbewußt zu sein bedeutet vielmehr, eigene Entscheidungen zu treffen, die zu positiven Ergebnissen führen. Erhalten Kinder keine Gelegenheit, wichtige Entscheidungen zu treffen, können sie auch nicht verantwortungsbewußt handeln. Die Fähigkeit eines Kindes, effektive Entscheidungen zu treffen, ändert sich von Mal zu Mal und ist auch von Kind zu Kind unterschiedlich. Außerdem gibt es Entscheidungen, die Kindern aufgrund ihres Alters bzw. fehlender Reife oder Erfahrung nicht überlassen werden sollten. Dennoch ist es für die Ausbildung des Verantwortungsbewußtseins erforderlich, Kindern möglichst früh Gelegenheit zu geben, Entscheidungen zu treffen.

Sowohl zu Hause als auch in der Schule sollte ein Klima herrschen, in dem von Kindern Entscheidungen erwartet werden. Das Treffen von Entscheidungen muß für Kinder ein *bewußter Prozeß* werden. Mit anderen Worten: Sie müssen erkennen können, daß sie Entscheidungen treffen und daß dies von ihnen erwartet wird.

Entscheidungen treffen und Probleme lösen ist im wesentlichen das gleiche. Stehen wir einem Problem gegenüber, müssen wir es analysieren und abwägen, um uns für die beste Lösungsmöglichkeit entscheiden zu können. *Kinder, die gelernt haben, Entscheidungen effektiv zu treffen, können auch Probleme besser lösen.* Eltern und Lehrer sollten Kindern beibringen, daß sie in den meisten Situationen eine Auswahl verschiedener *Alternativen* haben und sich für eine davon entscheiden müssen.

Kinder treffen jeden Tag unzählige Entscheidungen. Ein Kriterium des Heranwachsens ist, daß sich Kinder sowohl über diese Entscheidungen als auch über den Entscheidungsprozeß bewußt werden. Eltern und Lehrer können Kindern dabei helfen, indem sie diese auf deren Art und Weise der Entscheidungsfindung hinweisen und ihnen die Folgen guter Entscheidungen aufzeigen. Gute Entscheidungen erfüllen sowohl die Bedürfnisse des Kindes als auch anderer Menschen.

Die Fähigkeit, *gute* Entscheidungen treffen zu können, ist entscheidend für das Gefühl, auf das eigene Leben Einfluß nehmen zu können, was wiederum für das Selbstbewußtsein und ein fundiertes Selbstwertgefühl notwendig ist.

Mangelnde Entscheidungsfähigkeit = Verantwortungslosigkeit

Es besteht ein Zusammenhang zwischen Entscheidungsfähigkeit und Verantwortung, *Unschlüssigkeit* ist eine Form der *Verantwortungslosigkeit.* Dadurch werden andere veranlaßt, die Verantwortung für Entscheidungen zu übernehmen. Sind Kinder unschlüssig, manipulieren sie häufig ihre Eltern oder Lehrer, damit diese für sie Entscheidungen treffen. Bei kleinen Kindern, denen es an Informationen und Erfahrung fehlen mag, ist ein derartiges Verhalten weder ungewöhnlich noch unangemessen. Dahinter verbirgt sich manchmal die Angst vor den negativen Folgen, die durch eine falsche Entscheidung eintreten können. Läßt sich dieses Verhalten jedoch immer wieder beobachten, ist das ein Anzeichen dafür, daß sich das Verantwortungsbewußtsein des Kindes nicht entwickelt.

Es kommt vor, daß sich Kinder zu Hause langweilen. Sie finden anscheinend nichts, womit sie sich beschäftigen können, also bitten sie ständig die Eltern um Ideen. Häufig werden deren Vorschläge dann mit der Begründung, sie machten keinen Spaß, oder mit ähnlich negativen Reaktionen abgelehnt, oder es dauert nur kurze Zeit, bis sich das Kind wieder langweilt und mit derselben Frage ankommt. Dieses Verhalten kann Eltern zur Verzweiflung bringen. Das Kind, das in diesem Muster verfangen ist, weiß meistens bestens Bescheid, welche Beschäftigungsmöglichkeiten ihm zur Verfügung stehen. Dennoch möchte es, daß ein anderer die Entscheidungen trifft und somit auch die Schuld für seine Langeweile mitträgt. Eltern bestrafen ein Kind meist ungern dafür, daß es nichts zu tun hat. Das läßt sich allerdings schwer vermeiden, wenn sich dieses Verhaltensmuster ständig wiederholt.

In der Schule können derartige Verhaltensmuster ebenfalls beobachtet werden. Kinder, die Entscheidungen hinsichtlich ihrer Schulaufgaben vermeiden, müssen übermäßig dazu ermutigt werden, Leistung zu erbringen. Verweigert sich ein Kind ständig, so werden häufig der Lehrer und seine didaktischen Methoden dafür verantwortlich gemacht. Hierbei wird allerdings übersehen, daß die Unschlüssigkeit (Verantwortungslosigkeit) des Kindes das zentrale Problem ist.

Für Lehrer stellt sich unter anderem das Problem, daß Kinder wiederholt Fragen stellen, deren Antwort sie bereits wissen. (Eine mehrtägige Untersuchung zeigte bei einem Kind, daß es im Durchschnitt jede Minute eine Frage stellte.) Solche Kinder fragen so häufig, daß sie letztlich den Lehrer in die Lage bringen, die Arbeit für sie zu machen. Verliert der Lehrer schließlich die Geduld, könnte es sein, daß sich das Kind überhaupt nicht mehr beteiligt.

Entscheidungsfähigkeit beinhaltet immer ein gewisses Maß an Risikobereitschaft. Häufig müssen Kinder Entscheidungen treffen, obwohl sie nicht über alle notwendigen Informationen verfügen. Entschlossenheit bedeutet oft, daß man sich für eine Vorgehensweise entscheidet, deren Folgen nicht eindeutig abzuschätzen sind. Wir haben bereits auf den Zusammenhang zwischen Entscheidungsfähigkeit und Selbstwertgefühl eines Kindes hingewiesen. Kinder mit hohem Selbstwertgefühl sind in der Lage, mit größerer Zuversicht Risiken einzugehen. Bei Kindern mit einem geringen Selbstwertgefühl sollten Eltern und Lehrer das Maß an Risiko verringern, um den Kindern bei ihrer Entscheidung ein größeres Sicherheitsgefühl zu geben.

Zum Beispiel:

Geringeres Risiko	***Höheres Risiko***
1. Möchtest du A oder B tun?	1. Was möchtest du tun?
2. Erledige drei dieser Aufgaben	2. Erledige so viele Aufgaben wie möglich
3. Setze dich bitte hier hin	3. Wo möchtest du sitzen?
4. Wenn du zwei Aufgaben erledigt hast, möchte ich sie nachsehen	4. Wenn du Hilfe brauchst, kannst du mich fragen

Das Risiko verringern heißt in diesem Zusammenhang, die Aufgabe bzw. das Problem eingrenzen. Durch möglichst klare und genaue Mitteilungen kann man Kindern helfen, Entscheidungen mit mehr Zutrauen zu treffen.

Um die Entscheidungsfähigkeit eines Kindes zu fördern, sollten Eltern und Lehrer für einen äußeren Rahmen sorgen, der ein möglichst hohes Sicherheitsgefühl vermittelt. Ermutigen

Eltern ihr Kind dazu, Entscheidungen zu treffen, obwohl es unentschlossen oder ängstlich ist, fördern sie sein Verantwortungsbewußtsein sowohl sich selbst als auch anderen gegenüber.

Grenzen erkennen

Kinder, die Grenzen nicht erkennen können, treffen häufig Entscheidungen, die für sie selbst und für andere unangenehme Folgen haben. Ein Kind, das seine Grenzen kennt, ist dagegen eher in der Lage, die Folgen seiner Entscheidungen einzuschätzen. Es weiß, welches Verhalten als unangemessen oder ineffektiv gilt, und daß es sich durch bestimmte Entscheidungen Schmerzen zufügen wird bzw. mit Bestrafung rechnen kann. Bevor sich solche Kinder einer neuen Situation aussetzen oder wichtige Entscheidungen treffen, überprüfen sie zunächst alternative Handlungsmöglichkeiten.

Ein Kind lernt, Grenzen zu erkennen, nur, wenn es in einer Umgebung mit konsequent festgelegten Grenzen lebt. Die Fähigkeit, Grenzen zu erkennen, wirkt wie ein eingebautes Warnsystem. Das Kind sieht, daß eine Entscheidung inakzeptable Folgen haben mag, bevor es sie trifft.

Eltern und Lehrer können Kindern diesbezüglich helfen, indem sie einen äußeren Rahmen mit eindeutig erkennbaren Grenzen schaffen. Die Folgen einer Grenzüberschreitung sollten im voraus bekannt sein und konsequent eintreten. Dadurch lernt das Kind, differenziertere Entscheidungen zu treffen. Sind die Grenzen nicht erkennbar, hat das Kind häufig so viele alternative Entscheidungsmöglichkeiten, daß es sich überfordert fühlt. Hierdurch wird die Wahrscheinlichkeit, daß es eine gute Entscheidung trifft, geringer. Kindern können bereits in der frühen Kindheit Grenzen gezeigt werden, auch wenn sie zunächst besorgt oder ängstlich darauf reagieren. Eine gewisse Angst in Hinblick auf Grenzen ist beim Kind nicht unangemessen. Sie wird sich allerdings auflösen, wenn das Kind eine Beständigkeit sowohl in den Grenzen als auch in den Folgen erkennt. Die Angst verschwindet, sobald sich ein Kind über die alternativen Entscheidungsmöglichkeiten in einer Situation bewußt wird, und es im voraus die Folgen der von ihm getroffenen Entscheidung gut einschätzen kann. Eltern und Lehrer können auf verschiedene Weise dazu beitragen, daß Kinder lernen, Grenzen zu erkennen:

- Sie müssen *sich selbst* darüber klar sein, welche Erwartungen sie an die Kinder stellen.
- Die Erwartungen, die auch die Verantwortung für bestimmte Aufgaben einschließen, sollten so formuliert werden, daß das Kind sie verstehen kann.
- Sie sollten prüfen, ob das Kind tatsächlich begriffen hat, was von ihm erwartet wird. Sie können das Kind dazu auffordern, diese Erwartungen selbst zu formulieren, oder ihm zunächst bei der Erfüllung praktisch zur Seite stehen.
- Für Aufgaben im Haus oder für Schulaufgaben sollte eine klare, vernünftige Zeiteinteilung festgelegt werden.
- Die Folgen, mit denen das Kind bei der Nichteinhaltung von Grenzen rechnen muß, müssen ihm eindeutig erklärt werden. Diese Maßnahmen müssen konsequent, ohne unnötige Schuld- oder Reuegefühle *und* ohne unnötiges Leiden durchgesetzt werden. Konsequentes Verhalten ist wichtiger als Strenge.
- Damit das Kind nicht auf die Ausrede, es habe etwas vergessen, zurückgreift, sollten alle Regeln und Ausnahmen aufgeschrieben und gut sichtbar aufgehängt werden.
- Falls möglich, sollten *beide* Eltern daran beteiligt sein, dem Kind bestimmte Regeln zu erklären. So wissen alle, daß *beide* Eltern auf das Einhalten der Regeln achten werden.
- Alle Kinder in der Familie bzw. in der Klasse sollten vergleichbare Verantwortung übernehmen, die entsprechend dem Alter oder der Fähigkeit abgestuft sind.

Wenn die Aufgaben keinen Spaß mehr machen

Es ist nie zu früh, Kindern Verantwortung beizubringen. Bereits Kleinkinder können durch die Eltern auf Grenzen hingewiesen und zur Entscheidungsfähigkeit ermutigt werden. Versucht eine Mutter beispielsweise ihr weinendes Kind beim Windelwechsel zu beruhigen, signalisiert sie damit, was in einer solchen Situation von ihm erwartet wird. Eltern helfen einem Kind, Entscheidungen zu treffen, wenn sie ihm zum Beispiel die Rassel geben, die es gern haben möchte, oder wenn sie auf die vom Kind geäußerten Wünsche reagieren.

Auch wenn der Grundstein für das Verantwortungsbewußtsein in solchen Situationen gelegt wird, gehen wir nicht davon aus, daß ein Kind bereits mit seinen ersten Schritten «Arbeit» leistet. In den ersten Jahren ist das Übernehmen von Verantwortung meistens mit dem Spielen verbunden.

Spielen ist wichtig, um ein Kind auf verantwortungsbewußtes Handeln vorzubereiten. Die folgenden Definitionen von «Spielen» und «Arbeiten» sollen Eltern helfen, auf einige Probleme, die sich diesbezüglich sowohl für Eltern als auch für Kinder ergeben könnten, aufmerksam zu werden.

Beim «*Spielen*» handelt es sich um Aktivitäten, die ein Kind *aufgrund seiner Stimmung* ausführt. *Dabei geht das Kind auf die eigenen Wünsche, Gefühle oder Bedürfnisse ein.*

«Arbeiten» führt ein Kind *trotz* seiner Stimmung aus. Dabei werden die eigenen Bedürfnisse oder Wünsche zunächst zurückgestellt, um Verpflichtungen gegenüber anderen einzuhalten.

Eltern und Lehrer sollten dafür sorgen, daß zwischen Arbeit und Spielen ein Gleichgewicht herrscht. Unabhängig davon, daß Spielen ein Lernvorgang ist, bei dem sich Kinder bestimmte Fertigkeiten aneignen, sollten sie auch Aufgaben erhalten, die sich vom Spielen unterscheiden.

Kinder fassen «Arbeit» «spielerisch» auf, wenn sie ihre Aufgaben mit Wohlbefinden, Wärme und Humor assoziieren können. Ein Kind dazu aufzufordern, *einig*e Spielzeuge aufzusammeln, während seine Mutter saubermacht, vermittelt ihm das Gefühl, ein «großer Helfer» zu sein. Bringt ein Kind gemeinsam mit dem Vater ein paar Sachen zum Müll, nimmt es an einer «Aufgabe für Erwachsene» teil. Werden Bauklötze zur Musik weggeräumt, verwandelt sich das Aufräumen in ein Spiel. Bei kleinen Kindern kann es große Begeisterung auslösen, wenn es den Staubsauger ein- und ausschalten darf, während ein Elternteil saubermacht. Das gleiche gilt für das Klassenzimmer. Etwas, das normalerweise als Arbeit betrachtet wird, kann in ein Spiel umgewandelt werden, und umgekehrt.

Wenn das Saubermachen oder Wegräumen eine Weile gespielt wurde, läßt die Begeisterung dafür allmählich nach. Was zuerst Spielen war, wird nun zur Arbeit und macht keinen Spaß mehr. Eltern und Lehrer stehen dann vor der wichtigen Aufgabe, den Übergang vom Spielen zur Arbeit so zu gestalten, daß sich das Verantwortungsbewußtsein des Kindes in bezug auf sich selbst, auf seine Sachen und auf andere Menschen reibungslos entfalten kann.

Kinder ahmen die Einstellung zur Arbeit und zum Spiel den Erwachsenen nach – meistens ihren Eltern und Lehrern. Wird

Arbeit von den Eltern als lästig empfunden und vermieden, übernehmen die Kinder diese Einstellung. Alle kleinen Kinder möchten wie ihre Eltern sein. Wenn also ein Kind bemerkt, daß ein Elternteil oder beide Eltern Verantwortung vermeiden, wird es in den meisten Fällen eine ähnliche Einstellung entwikkeln. So wird zum Beispiel ein kleiner Junge, dessen Vater niemals abwäscht, vielleicht denken, daß diese Tätigkeit «unmännlich» sei. Verwenden die Eltern oder ältere Geschwister Schimpfwörter, wird ein kleines Kind die «besten» Wörter wiederholen. Ärgert sich ein Elternteil beim Saubermachen, wird ein kleines Kind schlechte Gefühle mit diesen Aufgaben in Verbindung bringen. Wenn andererseits Eltern und Lehrer ihre eigenen Aufgaben mit Wohlwollen, Geduld und einem fundierten Verantwortungsbewußtsein angehen, schaffen sie ein Klima, in dem die Einstellung zur Arbeit mit positiven Gefühlen assoziiert wird.

Beim Übergang vom Spielen zur Arbeit sind klare Maßstäbe und Erwartungen erforderlich. Zunächst räumt ein Kind sein Spielzeug auf, weil es ein Spiel ist. Im nächsten Schritt räumt es auf, um seinen Eltern oder seinem Lehrer zu helfen, und dann, weil ein Erwachsener dazu keine Zeit hat. Schließlich kümmert es sich um sein Spielzeug, weil es die Verantwortung dafür trägt.

Bei jedem Übergangsstadium müssen Sie mit etwas Streß und Verwirrung rechnen. Bleiben Sie geduldig, und fordern Sie weiterhin bestimmte Verhaltensweisen. Belohnen Sie Ihr Kind. So kann es diese Übergänge relativ reibungslos und mit wenig Widerstand bewältigen.

Kinder lernen, Verantwortung zu übernehmen, wenn:

- sie wissen, wie sie Entscheidungen treffen, und wenn gute Entscheidungen wahrgenommen und entsprechend belohnt werden.
- Eltern und Lehrer wissen, welche Entscheidungen ein Kind treffen soll, und ihm Gelegenheit geben, Entscheidungen zu

treffen. Erwachsene sollten ein Klima schaffen, in dem individuelle Verantwortung als Gegensatz zu Beschuldigung, Unschlüssigkeit oder Verantwortungslosigkeit betont wird.
- Eltern und Lehrer dem Kind Entscheidungen überlassen, die es selbst treffen kann. Werden solche Entscheidungen von Erwachsenen übernommen, wird dadurch das Verantwortungsgefühl des Kindes geschwächt.

Kinder, vor allem kleine Kinder, profitieren davon, wenn sie durch ihre Entscheidungen das Verhalten ihrer Eltern beeinflussen können. Bevor ein Vater mit seinem Kind spielt, könnte er beispielsweise sagen: «Laß uns in deinem Zimmer spielen, ohne zuviel Lärm zu machen. Was möchtest du dort tun?» Andere Entscheidungen, die ein Kind treffen könnte, wären zum Beispiel:
- womit es in der Badewanne spielen möchte
- was es anziehen möchte
- was es gerne essen würde
- aus welchem Buch vorgelesen werden soll

Kinder müssen nicht (und sollten auch nicht) ständig über alles bestimmen. Wenn sie aber wissen, daß sie im Umgang mit ihren Eltern einiges beeinflussen dürfen, wächst sowohl ihr Selbstwertgefühl als auch ihre Kompetenz, und dies trägt zur Entwicklung ihres Verantwortungsbewußtseins bei.

Hindernisse, die den Eltern im Wege stehen

Es gibt viele Faktoren, die die Entwicklung des Verantwortungsbewußtseins beim Kind beeinflussen, und von denen abhängt, ob Eltern und Lehrer auch effektiv dazu beitragen. Zu wissen, wodurch ihre Bemühungen eventuell beeinträchtigt werden, kann Ihnen helfen, die Beziehung zu Ihren Kindern in eine neue Perspektive zu rücken, und Sie darauf vorbereiten, sowohl mit den eigenen als auch mit den Gefühlen Ihrer Kinder positiv umzugehen.

Schuldgefühle der Eltern und ihre Folgen

Elternschaft ist eines der normalsten Dinge in der Welt. Trotzdem stehen Eltern immer wieder vor einer schwierigen Aufgabe. Jede Generation stößt erneut auf das Zweischneidige dieser Verantwortung.

Das größte Hindernis, als Eltern effektiv zu sein, sind Schuldgefühle.

Schuldgefühle entstehen, wenn wir glauben, durch das, was wir tun und wie wir es tun, unseren eigenen Erwartungen nicht zu entsprechen. Je größer die Diskrepanz zwischen der eigenen Erwartungshaltung und der eigenen Leistung ist, desto mehr wachsen unsere Schuldgefühle. Um uns davon zu befreien, müssen wir entweder unsere Erwartungen auf ein vernünftiges Niveau herunterschrauben, mehr leisten oder beides gleichzeitig tun.

Alle Eltern hören sowohl von der vorigen Generation als auch von der eigenen, wie sie als Eltern «sein sollten». Dieses «So-sein-Sollen» übt einen enormen Einfluß auf ihr Verhalten aus. Auch die vielen Ratschläge, die in den Medien gegeben werden, führen oftmals zu Erwartungshaltungen, die nicht erfüllt werden können.

Eltern fühlen sich schuldig, wenn sie ihre Kinder verletzen oder «Unangenehmes» von ihnen fordern. Werden Kinder durch die Eltern von etwas abgehalten, was sie gern tun würden, oder zu etwas aufgefordert, was sie nicht tun möchten, so werden sie klagen, weinen, ein Gesicht ziehen und sich über die Eltern beschweren, um Aufgaben oder Verantwortung zu vermeiden.

Häufig reagieren Eltern auf derartige Signale, indem sie ihre Art, mit der Situation umzugehen, neu durchdenken. Sie versuchen dann, Möglichkeiten zu finden, um ihre Kinder zu beschwichtigen und die Wärme und Zuneigung zwischen ihnen und ihren Kindern wiederherzustellen.

Schuld ist ein durchaus unangenehmes Gefühl, das ungern zugegeben wird. Deshalb versuchen Eltern auf die unterschiedlichste Art, die eigenen Schuldgefühle auch vor sich selbst zu kaschieren. Hierzu werden zumeist folgende Methoden verwandt:

- Schuld wird als Wut zum Ausdruck gebracht oder auf eine andere Person übertragen. Oft schieben sich Eltern ihre Schuldgefühle gegenseitig zu: «Wenn du dich anders verhalten würdest, würde sich unser Kind richtig (so wie ich es möchte) benehmen!»
- Schuld wird auf äußere Umstände, die man selbst nicht beeinflussen kann, übertragen: «Er benimmt sich genau wie sein Onkel, und ich kann nichts daran ändern.»
- Es werden Krankheitssymptome entwickelt, um nicht handeln zu müssen: «Immer wenn ich mich mit ihr streite, bekomme ich Kopfschmerzen. Deshalb versuche ich, Streit zu vermeiden.»
- Eltern übernehmen selbst die Verantwortung, anstatt sich mit dem Konflikt auseinanderzusetzen: «Wenn ich ihn darum bitte, etwas zu tun, macht er so einen Aufwand, daß es für mich leichter ist, es selbst zu erledigen.»
- Es werden komplizierte Rationalisierungen gefunden, um Situationen zu vermeiden, die Schuld erzeugen: «Es ist für sie wichtig zu wissen, daß ich sie liebe. Wenn ich auf sie wütend werde, könnte es ihrem Selbstvertrauen schaden.»

Schuldgefühle führen zu Schwankungen im Umgang mit den eigenen Kindern. Jeder weiß, wie wichtig es ist, mit Kindern *konsequent* umzugehen. Schuld- oder Reuegefühle können dazu führen, daß Eltern ihr Vorhaben nicht durchsetzen, daß sie das Einhalten von Grenzen nicht so genau nehmen, oder daß sie angekündigte Strafen nicht anwenden. Halten sich Eltern nicht an das, was sie angekündigt haben, handeln sie inkonsequent, und das bemerken Kinder sofort.

Übermäßige Schuldgefühle der Eltern führen zu Unsicherheiten bei den Kindern. Spüren Kinder zögerndes Verhalten bei den Eltern, wird die Unsicherheit der Eltern hinsichtlich der Autorität und Kontrolle ebenfalls an die Kinder vermittelt. Obwohl kleine Kinder versuchen, das Verhalten ihrer Eltern zu beeinflussen, fühlen sie sich sicherer, wenn sie die Autorität und Kontrolle der Eltern konsequent spüren können. Eltern, die sich aufgrund ihrer Schuldgefühle inkonsequent verhalten, vermitteln ihren Kindern unbewußt, daß sie die Lage nicht beherrschen, und wenn Kinder an der Autorität ihrer Eltern zweifeln, werden sie ängstlich.

Ängstliche Kinder sind ungezogener als Kinder, die nicht ängstlich sind.

Der Zusammenhang zwischen übermäßigen Schuldgefühlen bei den Eltern und der Ungezogenheit der Kinder erweist sich immer wieder. Eltern mit starken Schuldgefühlen haben die größten Schwierigkeiten, ihre Kinder zu kontrollieren.

Kinder, die ängstlich sind, weil ihre Eltern die Lage nicht beherrschen, werden durch Manipulation und Machtspiele *selbst* versuchen, Verhaltensmaßstäbe und Grenzen klarzustellen.

In jeder Familie müssen bestimmte Regeln aufgestellt und Aufgaben erfüllt werden, damit das Familienleben möglichst reibungslos verlaufen kann:

- Es muß eine gewisse *Klarheit* herrschen, um Unsicherheiten zu vermeiden. Das heißt, welches Familienmitglied ist wofür, wann und wie zuständig?
- Die Aktivitäten der Familienmitglieder müssen miteinander *koordiniert* werden, damit jeder das erledigen kann, was er erledigen muß.
- *Es müssen Maßstäbe gesetzt werden*, damit jeder weiß, was von ihm erwartet wird, und sich auf die anderen verlassen kann.
- Es sollte ein Klima geschaffen werden, in dem *gute Kommunikation* möglich ist und alle ihre Bedürfnisse äußern können.

Kümmern sich die Eltern nicht um diese Richtlinien, werden zwangsläufig die Kinder versuchen, diese Aufgaben zu übernehmen. Wir gehen davon aus, daß Kinder in der Regel weniger erfahren sind. Wenn also Eltern diese Aufgaben vernachlässigen, wird die Folge höchstwahrscheinlich ein Chaos sein.

Warum es Eltern schwerfällt, ihre Kinder zu bestrafen

Eltern müssen methodisch vorgehen, um Kindern beizubringen, daß sie für das eigene Verhalten verantwortlich sind. Sie müssen auf das Verletzen von Regeln mit entsprechenden Maßnahmen oder Strafen reagieren.

Fällt den Eltern die Durchsetzung von Strafen zu schwer, fehlt die Richtschnur, um Kinder für ihr Verhalten verantwortlich zu machen. Kinder brauchen *etwas* Druck, um nach alternativen Handlungsmöglichkeiten, die den Maßstäben der Familie und des sozialen Umfelds entsprechen, zu suchen.

Alle Eltern möchten, daß sich ihre Kinder gut benehmen und darüber hinaus auch glücklich und zufrieden sind. Mit solchen Gefühlen ist kaum zu rechnen, wenn ein Kind bestraft wird. Im Gegenteil versuchen die meisten Kinder «zurückzuschlagen», indem sie weinen oder ihren Eltern Vorwürfe machen.

Viele Eltern glauben, versagt zu haben, wenn sie ihre Kinder wegen schlechten Benehmens bestrafen müssen.

Kinder wissen nicht von Geburt an, wie sie sich benehmen sollen. Sie lernen eine Menge einfach durch Ausprobieren und durch Fehler, und diese Fehler müssen durch bestimmte Folgen bewußt gemacht werden. Dies ist allerdings nur dann gerecht, wenn Eltern ihre Kinder im voraus über mögliche Folgen aufklären.

Folgen sollten nicht mit Bedrohungen verwechselt werden. Wird von Folgen gesprochen, wissen sowohl die Kinder als auch die Eltern, daß es sich um eine bestimmte Vorgehensweise handelt, die unter bestimmten Umständen angewandt wird. Dagegen wird dem Kind durch Bedrohungen vermittelt, daß seine Eltern wütend werden und die Kontrolle verlieren. Drohungen werden in den meisten Fällen nicht umgesetzt, was zu einem Klima von Unbeständigkeit und Angst führt.

Kinder zu bestrafen ist kein Zeichen von Versagen.

Die Fähigkeit, Kinder wegen schlechten Benehmens zu bestrafen, ist ein Beweis dafür, daß Eltern zu ihrem Wort stehen und entsprechend handeln werden. Wenn Kinder dies erkennen und ebenfalls sehen, daß ihre Eltern bei der Durchführung von Strafen *gerecht* bleiben, neigen sie immer seltener zu solchen Verhaltensweisen. Wenn Kinder wissen, daß schlechtes Benehmen Folgen nach sich zieht, werden sie die Folgen verschiedener Handlungsmöglichkeiten abwägen, bevor sie handeln.

Es fällt manchen Eltern schwer, ihre Kinder zu bestrafen, weil sie sie als Teil ihres Selbst und nicht als autonome Individuen betrachten. Bestrafen sie das Kind, verletzen sie sich selbst mehr als das Kind. Erkennen Eltern ihre Kinder nicht als eigenständige Individuen an, so ist es für die Kinder schwierig, ein eigenes Individualitätsgefühl zu entwickeln. Wird die Einzigartigkeit des Kindes nicht anerkannt, versucht es häufig, diese Anerkennung durch schlechtes Benehmen zu provozieren.

Manchmal glauben Eltern, es sei notwendig, wütend zu werden, um Kinder zu bestrafen. Wut ist jedoch keinesfalls notwendig, wenn die Folgen für die Verletzung einer bestimmten Regel im voraus klargestellt wurden. Wut und Grollgefühle entstehen, wenn Eltern über keine klare Methode verfügen, um ihre Kinder zu kontrollieren, oder wenn ihre Methoden nicht funktionieren.

Eltern sollten sich bewußt werden, welche Auswirkungen die

eigenen Grollgefühle auf ihre Beziehung zum Kind haben können, und versuchen, solche Gefühle in den Griff zu bekommen. Sie sollten auch versuchen, übermäßige Wut zu vermeiden.

Eltern sind keine Heiligen, und die meisten Eltern werden sich immer wieder mit diesen Gefühlen auseinandersetzen müssen. Auch in dieser Hinsicht ist es hilfreich, klare Verhaltensrichtlinien und eindeutige Folgen für das Nichteinhalten dieser Maßstäbe sowohl innerhalb als auch außerhalb der Familie aufzustellen. Wenn die Grenzen eindeutig festgelegt sind, können Kinder innerhalb der Grenzen nach Alternativen suchen, um angemessene Entscheidungen zu treffen.

Ein weiterer Grund dafür, daß es Eltern schwerfällt, ihre Kinder zu bestrafen, ist die Angst, die Psyche des Kindes anzugreifen. Es gibt Kinder, die auf Strafen so heftig reagieren, daß sie beinahe den Eindruck erwecken, «verrückt» zu werden. Sind Eltern davon überzeugt, daß sich Strafen negativ auf die emotionale Stabilität des Kindes auswirken, sollten sie es für gutes Benehmen belohnen.

Die Psyche eines Kindes wird «verletzt»,

- wenn es innerhalb der Familie zu übermäßigen emotionalen Ausbrüchen kommt; wenn ein hohes Maß an Unbeständigkeit herrscht;
- wenn das Kind nicht erfährt, welche Maßstäbe in verschiedenen Situationen gelten;
- wenn Eltern derart ambivalent und ängstlich sind, daß ein «hyperemotionales» Klima entsteht;
- wenn schlechtes Benehmen bestraft wird, aber die Bemühungen des Kindes, sich angemessen zu verhalten, nicht belohnt werden.

Um Kindern Verantwortung beizubringen, sollten diese Verhaltensweisen vermieden werden.

Die Kindheit der Eltern beeinflußt ihr eigenes Verhalten

Unabhängig von den vielen Büchern, Fernsehreportagen und Diskussionen über Kindererziehung werden die meisten Eltern durch die eigenen Kindheitserfahrungen und ihre persönliche Sozialisation beeinflußt.

Wir können mit der eigenen Kindheit auf zwei verschiedene Weisen umgehen: Entweder setzen wir die Praktiken fort, die wir in der eigenen Familie kennengelernt haben, oder wir verfallen ins andere Extrem und versuchen, völlig anders zu handeln.

Anders zu sein als die eigenen Eltern ist sehr schwierig. Dabei kommen wir uns manchmal ungeschickt und mechanisch vor. Viele Probleme in der eigenen Kindheit sind auf die mangelnde Sensibilität, übermäßige Strenge oder Gewalt der Eltern zurückzuführen. Wenn wir krampfhaft versuchen, unseren Kindern ähnliche Erfahrungen zu ersparen, neigen wir häufig zum entgegengesetzten Extrem.

Einfache Lösungen werden kompliziert, wenn Eltern Emotionen, die in der eigenen Kindheit begründet sind, auf ihre Beziehung mit ihren Kindern übertragen. Besonders unter Streß fühlen wir uns im Umgang mit unseren Kindern an ähnliche Situationen in der eigenen Kindheit erinnert und ahmen unbewußt die eigenen Eltern nach. («Zieh einen Pullover an! Mir ist so kalt, und meine Mutter bestand immer darauf, daß ich mich warm anziehe.») In jedem Entwicklungsstadium unserer Kinder können wir uns neu entscheiden, wie wir mit der gegenwärtigen Situation umgehen wollen.

Unsere Kindheitserinnerungen sind meistens an starke emotionale Erfahrungen geknüpft. Wir werden wieder daran erinnert, wenn die eigenen Kinder in ein Stadium kommen, in dem wir selbst etwas Wesentliches erlebt haben. In solchen Phasen gehen wir mit den Kindern so um, wie man mit uns umgegangen ist. Wir legen immer wieder die gleichen Verhaltensweisen an den Tag, obwohl wir wissen, daß unsere Beziehung zum eigenen Kind dadurch irrationale Züge annimmt.

Um die negativen Auswirkungen der Vergangenheit zu verringern, müssen Eltern bereit sein, neue Alternativen auszuprobieren. Versuchen wir etwas Neues und sind dabei erfolgreich, wächst unser Selbstwertgefühl, und wir lösen uns automatisch weiter aus den alten irrationalen Mustern.

Wie Groll bei Eltern entsteht und sich auf Kinder auswirkt

Die meisten Eltern zeigen nur unter bestimmten Umständen die Grollgefühle, die sie gegen ihre Kinder hegen, zum Beispiel wenn sie mit einem verständnisvollen Ratgeber sprechen, wenn ihre Hemmungen durch Alkohol herabgesetzt sind oder *wenn sie sich über einen geringfügigen Regelverstoß ärgern und explodieren.*

Groll gegen ein Kind ist ein Anzeichen für einen ungelösten Machtkampf, den der Elternteil zu verlieren glaubt. Dieses Gefühl entsteht dadurch, daß bestimmte Aufgaben verantwortungsbewußter Eltern nicht wahrgenommen wurden, besonders die klare Vermittlung von Erwartungen und Konsequenzen.

Es ist beinahe unmöglich, Unzufriedenheit zwischen Eltern und Kindern zu vermeiden. Kinder bringen häufig begründete Beschwerden über ihre Behandlung oder nicht eingehaltene Versprechen vor. Wir vergessen dabei leicht, daß auch Eltern Gründe haben können, sich wegen dessen, was das Kind gesagt oder getan hat, verletzt zu fühlen. Viele Eltern finden es schwierig, über diese Probleme zu sprechen. Probleme bleiben jedoch bestehen, bis sie entweder besprochen oder gelöst werden. Eltern, die sich nicht bei ihren Kindern beschweren, werden unweigerlich Grollgefühle entwickeln.

Einige einfache Beispiele, wie man Kindern gegenüber seine Beschwerden artikulieren kann:

- Beschreiben Sie die Situation, anstatt das Kind zu beschuldigen.
  «Wenn du so viel Zeit am Telefon verbringst, kann ich selbst nicht telefonieren oder Anrufe empfangen.»
  Nicht: *«Du denkst nur an dich und deine Freunde.»*
- Beschreiben Sie möglichst genau die Verhaltensweisen, die Sie stören, anstatt die Persönlichkeit des Kindes anzugreifen.
  «Wenn du in die Küche kommst, während ich koche, werde ich abgelenkt und vergesse etwas Wichtiges. Bitte bleibe draußen, bis ich dir sage, daß du kommen kannst.»
  Nicht: *«Bist du blind oder dumm? Siehst du nicht, daß ich beschäftigt bin?»*

- Übernehmen Sie die Verantwortung für die eigenen Gefühle, anstatt das Kind dafür verantwortlich zu machen.
  «Ich werde wütend, wenn du mit mir in diesem Ton redest.»
  Nicht: *«Du machst mich wütend, wenn du mir widersprichst.»*

- Geben Sie dem Kind die Möglichkeit, sich an der Problemlösung zu beteiligen.
  «Was könntest du tun, damit dein Zimmer ordentlicher wird?»
  Nicht: *«Wenn du dein Zimmer nicht aufräumst, dann wirst du einfach immer wieder bestraft werden.»*

Eltern sind irritiert, wenn sie keinen Einfluß auf das Verhalten ihres Kindes ausüben können. In manchen Situationen sind die Eltern machtlos, wenn das Kind nicht bereit ist mitzumachen. Es gibt auch Situationen, in denen sich die Kinder ihren Eltern widersetzen, obwohl sie deshalb mit Bestrafung rechnen können, einfach weil sie an der Problemlösung nicht beteiligt sein dürfen. Eltern sollten ihre Kinder dazu ermutigen, sich an Problemlösungen zu beteiligen, bevor es zu hartnäckigen Auseinandersetzungen kommt.

Manchmal sind nicht ausschließlich die Kinder, sondern die Eltern selbst für ihre Grollgefühle verantwortlich. In manchen Situationen haben Eltern sehr genaue Erwartungen an ihre Kinder, die sie aber nicht eindeutig geäußert haben, so daß die Kinder eine entsprechende Leistung auch nicht erbringen können. Manchmal haben die Eltern höhere Erwartungen, als die Kinder mit ihren Fähigkeiten zu dem Zeitpunkt erfüllen können.

Erwartungen können aus verschiedenen Gründen zu hoch sein:

- Das Kind wird zu einer Sache aufgefordert, zu der es nicht in der Lage ist: *es ist zu klein, nicht stark genug, ihm fehlt die notwendige Erfahrung usw.*
- Es wird weder klargestellt, was das Kind machen soll, noch wie es etwas machen soll.
- Die Mittel, die das Kind benötigt, um eine Aufgabe gut zu erledigen, werden nicht geboten.
- Die Tätigkeit wird nicht vorgemacht, so daß das Kind nicht *sehen* kann, was es tun soll.
- Es wird nicht geprüft, ob das Kind verstanden hat, was von ihm erwartet wird.

Kinder können davon profitieren, daß die Eltern von leichten Grollgefühlen heimgesucht werden. Eltern hegen nicht gern derartige Gefühle ihren Kindern gegenüber und werden sich höchstwahrscheinlich deshalb schuldig fühlen. Das führt wiederum dazu, daß sie häufiger nachgeben und auf die Wünsche des Kindes eingehen.

Im Kampf zwischen dem Bedürfnis des Kindes nach Freiheit,

Autonomie und dem Durchsetzen von Eigeninteressen und dem Bedürfnis der Eltern, Autorität zu besitzen und Kontrolle auszuüben, ist die Fähigkeit des Kindes, Grollgefühle hervorzurufen, eine mächtige Waffe. Wenn Eltern diesen Machtkampf tolerieren und sich sogar darauf einlassen, sind Grollgefühle sowohl bei den Eltern als auch bei den Kindern unvermeidbar.

Herrscht anstelle eines Machtkampfes eine offene und ehrliche Kommunikation, entstehen zwischen Eltern und Kindern ganz andere Gefühle. Die Eltern setzen die Maßstäbe für die Kommunikation innerhalb der Familie, und die Kinder halten sich an dieses Modell. Eltern, die sich um eine klare, direkte Kommunikation mit den Kindern bemühen, werden erfahren, daß ihre Kinder dieses Bemühen erwidern.

«Es ist leichter, wenn ich es selbst mache»

Wie oft haben Sie sich, meistens ärgerlich, bei dieser Aussage ertappt, und wieviel häufiger haben Sie, ohne sich zu äußern, so etwas gedacht? Kindern Verantwortung beizubringen ist keine leichte Aufgabe. In vielen Situationen ist es *tatsächlich* leichter für Eltern, «es selbst zu machen». Es gehört aber zu den Widersprüchen der Elternrolle, daß wir häufig auf Effizienz verzichten müssen, um unsere Kinder zur Selbständigkeit zu erziehen. Solange unsere Kinder mit uns leben, wird dieser Widerspruch uns begleiten.

Häufig steht hinter dieser Einstellung das Motiv, daß Eltern ihren Kindern und somit auch sich selbst Unangenehmes ersparen möchten. Es erscheint uns manchmal so, daß Kinder einiges, was wir von ihnen verlangen, nicht lernen können. Sie unternehmen angestrengte Versuche, die so mühsam erscheinen, daß wir selbst uns die Verantwortung für die Erledigung einer Aufgabe aufladen.

Problematisch an dieser Haltung, «es dann doch lieber selbst zu tun», ist, daß wir nicht nur dem Kind die übertragene Verantwortung wieder abnehmen, sondern es ihm zugleich verübeln und ihm unseren Groll «heimzahlen». Wenn Eltern durch die ungenügende Erfüllung einer Aufgabe enttäuscht werden, nehmen sie dem Kind auch übel, daß ihre Autorität in Frage gestellt wird. Dieser Groll wird sich vielleicht gegen ein anderes Familienmitglied wenden. Langfristig ist die Zurücknahme übertragener Verantwortung selten sinnvoll.

Auch Kinder haben Nachteile davon, wenn die Eltern «es dann doch lieber selbst machen». Ihnen wird die Möglichkeit genommen, etwas für die Entwicklung ihrer eigenen Kompetenz zu lernen, und sie werden nicht dafür verantwortlich gemacht, was von ihnen erwartet wird.

Häufig ist *Konfliktvermeidung* für Eltern ein wichtiges Motiv dafür, ursprünglich den Kindern übertragene Aufgaben wieder selbst zu übernehmen. Viele Eltern finden es schwieriger, mit ihren Kindern im Konflikt zu sein, als sich mehr und mehr Verantwortung aufzubürden. Möglicherweise fürchtet auch ein Elternteil Kritik und übernimmt mehr und mehr Verantwortung, um den Partner zu beschwichtigen, aber auch hier sind die Kinder die Leidtragenden.

Eltern müssen ein Gleichgewicht zwischen ihren *lehrenden* und *umsorgenden* Rolle finden. Die Rolle als umsorgende Eltern wird durch Wärme, Gefühlsbetontheit, Liebe, Sympathie usw. bestimmt. Die Rolle des Lehrenden verlangt Distanz und Sachlichkeit. Um effektiv sein zu können, müssen Lehrende tolerieren, daß sie ihren Schülern Unannehmlichkeiten zumuten. Für Eltern ist es ebenfalls wichtig, die Leistungen und Fertigkeiten ihres Kindes distanziert zu betrachten und vernünftige, den Bedürfnissen des Kindes angemessene, Entscheidungen zu treffen.

Ein Lehrer	Ein Umsorger
macht ein Kind für seine Taten verantwortlich	versucht, es einem Kind bequem zu machen
möchte ein Kind selbständig handeln sehen	möchte, daß sich ein Kind geliebt und beschützt fühlt
besitzt Maßstäbe, nach denen die Fertigkeiten des Kindes beurteilt werden	verteilt Belohnungen, damit ein Kind sich wohl fühlt
hebt die Bedeutung von Herausforderung hervor	versucht, die Bedürfnisse des Kindes zu erfüllen
verteilt den Leistungen des Kindes angemessene Belohnungen	
versucht, einem Kind Wahlmöglichkeiten zu erschließen	

Kinder möchten umsorgende Eltern, um sich Unangenehmes und Beschwerliches zu ersparen. Die besten Lehrer wissen jedoch, daß Beschwerlichkeiten oft der Preis für Erkenntnisse und Entwicklung sind.

Was gute Lehrer tun

1. Sie unterteilen Aufgaben in kleine Schritte, so daß ein Kind jeden Schritt erfolgreich vollziehen kann.
2. Sie loben oder belohnen, wenn ein Kind jeden Schritt erfolgreich getan hat.
3. Sie machen die Bewertungskriterien einer Aufgabe deutlich.
4. Sie geben Bewertungsmaßstäbe vor, die die Rücksprache über richtige und falsche Lösungen ermöglichen.
5. Sie bieten die Veranschaulichung eines Lösungsweges an.
6. Sie arbeiten mit dem Kind zusammen und lösen Probleme, die während der Erfüllung einer Aufgabe entstehen.

Wie Kinder darauf reagieren, wenn von ihnen Verantwortung gefordert wird

Kinder reagieren auf die Versuche, ihnen Verantwortung beizubringen, mit gemischten Gefühlen. Verantwortungsbewußt sein heißt, für Dinge verantwortlich gemacht zu werden, was häufig mit der Einschränkung eigener Bedürfnisse und Wünsche zusammenhängt. Ein Kind wird auf Forderungen, verantwortungsvoll zu sein, mal negativ und mal positiv reagieren. Mal zeigt es sich willig und dann wieder nicht, und Eltern wie Lehrer sollten auf diese Schwankungen vorbereitet sein.

Kinder befinden sich häufig in einer Zwickmühle. Dabei handelt es sich um das Dilemma, an sich *selbst* oder an *andere* zu denken.

Jeder muß eine Balance finden zwischen dem Wunsch, den *eigenen* Bedürfnissen nachzugehen, und der Verpflichtung, auf die Bedürfnisse *anderer* einzugehen. Bei Kindern äußerst sich dieser Konflikt meistens durch den Wunsch, sich selbst oder die Eltern glücklich zu machen. Kluge Eltern erkennen, daß *beide* Motive, häufig gleichzeitig, beim Kind vorhanden sind. Das Kind stellt sich gewissermaßen die Frage: «Was bringt es mir, und was bringt es dir?» Wenn Kinder für verantwortungsbewußtes Verhalten nicht belohnt werden, ziehen sie die Schlußfolgerung, daß es «ihnen nicht viel bringt». Kinder werden Verantwortung zeigen, wenn sie darin einige Vorteile für sich selbst entdecken. Da Eltern über Mittel zur Belohnung verfügen, sollten sie sie so einzusetzen, daß sie ihr Kind von den Vorteilen verantwortungsvollen Verhaltens überzeugen.

Diese Mittel sind Zeit, Interesse, Unterstützung und Gutwilligkeit der Eltern. Kinder halten es nicht für vorteilhaft, ihren Eltern zu gehorchen oder verantwortungsvoll zu handeln, wenn sie sich keine Belohnung verdienen können.

Es ist wichtig, Kinder für gutes Verhalten zu belohnen, wobei sich Eltern über die verschiedenen Arten der Belohnung bewußt sein müssen. Viele Eltern glauben, Belohnungen für gutes Benehmen seien eine Form der Bestechung. Materielle Belohnungen (Geld, Spielzeug usw.) können dazu werden, wenn Eltern sie hauptsächlich zur Motivation ihrer Kinder benutzen, und wenn Kinder lernen, daß sie durch Hartnäckigkeit diese Belohnungen erzwingen können. Wir möchten *nichtmaterielle* Belohnungen als Alternative hervorheben.

- *Geben Sie Kindern Anerkennung und Lob* für Arbeiten, die sie gut erledigt haben: «Du hast deinen Schrank ja phantastisch aufgeräumt.»
- *Geben Sie gelegentlich eine spontane Belohnung,* die mit der Erfüllung der Aufgaben verknüpft ist: «Wie wäre es, wenn du dir ein Eis holst, du hast dir beim Saubermachen des Badezimmers viel Mühe gegeben.»
- *Unterstützen Sie Kinder, wenn es nötig ist:* «Da du mir gestern beim Jäten geholfen hast, könnte ich dir heute bei den Hausaufgaben helfen.»
- *Zeigen Sie an den Unternehmungen der Kinder Interesse* und

ermutigen Sie sie: «Da du heute ein Pfadfindertreffen hast, wasche ich für dich ab.»

Teilen Sie sich Hausarbeiten von Zeit zu Zeit als Anerkennung: «Du hast dein Zimmer heute besonders schön aufgeräumt; wie fändest du heute ein bißchen Hilfe?»

Warum Kinder sich nicht schlecht fühlen, wenn sie sich unverantwortlich verhalten

«Sich schlecht fühlen», wenn man sich unverantwortlich verhalten hat, ist das Ergebnis einer reifen moralischen und ethischen Grundhaltung. Moralische Werte werden durch Erfahrung, Vorbilder und Unterweisung gelernt. Erwachsene, die annehmen, kleine Kinder seien für die moralischen Implikationen ihres eigenen Verhaltens so empfänglich, daß Schuldgefühle oder Gewissensbisse ihre Selbstkontrolle förderten, werden schnell enttäuscht werden. Kinder verstehen häufig weder moralische Sachverhalte, die in ihren Beziehungen zu Eltern oder Lehrern gelten, noch, wann sie beleidigend oder verletzend sind.

Ein vorherrschender Beweggrund in der Kindheit ist das Eigeninteresse. Tatsächlich ist es Antrieb unseres ganzen Lebens, nur haben reife Erwachsene verschiedene Auswege gefunden, ihrem Eigeninteresse zu genügen, ohne die Bedürfnisse anderer zu mißachten. Gewissensbisse und Schuldgefühle stören Handlungen, die Eigeninteresse ausdrücken. Kinder können ihre Schuldgefühle nur mindern, indem sie sich pflichtbewußter gegenüber den Wünschen der Eltern oder anderer Autoritätspersonen verhalten. Diese Gefühle, die Kinder zur Annahme von festgelegten Regeln bringen, werden auf quälende Weise erzeugt. Erwachsene versuchen oft, das natürliche Eigeninteresse von Kindern zu kontrollieren, indem sie sie durch Schuldgefühle dazu bringen, «sich schlecht zu fühlen». Moralisches Verhalten entsteht jedoch nicht aus Schuld, sondern durch die Erkenntnis, wie Eigeninteresse und die Rechte anderer gegeneinander abgewogen werden. Ethisches Verständnis dagegen kann nur durch Erfahrung entwickelt werden, und für diese Entwicklung brauchen Kinder Zeit. Schuldgefühle und Gewissensbisse verhindern diese Erkenntnis, vermindern die Selbstachtung des Kindes und fördern das Bedürfnis, andere zu beschwichtigen.

Wenn Erwachsene möchten, daß Kinder sich schuldig fühlen, versuchen sie diese Gefühle durch Fragen zu stimulieren, wie: «Fühlst du dich nicht schlecht, weil du deiner Schwester so etwas angetan hast?» oder «Wie würdest du dich fühlen, wenn dir das jemand angetan hätte?» oder «Du wirst es später schwer haben, wenn du dich weiter so verhältst.» Man erwartet Gefühle, zu denen Kinder nicht fähig sind.

Eltern und Lehrer glauben zu Recht, daß sie das Verhalten eines Kindes besser kontrollieren können, wenn sie dessen Grundhaltung ändern können. Allerdings ist es schwieriger, die Haltung zu ändern, als das Verhalten direkt zu beeinflussen. Es ist wichtig, das Verhalten der jungen, sich entwickelnden Kinder zu beobachten, und nicht, ihre Haltung zu verändern. Weder Eltern noch Lehrer können die Haltung eines Kindes ändern, bevor das Kind in der Familie und außerhalb Erfahrungen gesammelt hat, die ihm «beweisen», daß eine Haltung oder ein Glaube verändert werden muß.

Wenn Erwachsene die Haltung eines Kindes verändern möchten, dann müssen sie ihre Erwartungen klarmachen und das Kind zu besserem Benehmen auffordern. Während es schwierig sein mag, eine Haltung zu *ändern*, können Eltern sie doch *durch eigenes Verhalten beeinflussen*. Selbst wenn Kinder ihre Haltung nicht sofort verändern, beobachten sie doch das Verhalten anderer und verarbeiten diese Information mit ihren eigenen Vorstellungen von richtigem Tun.

Erwartungen müssen klar und einfach vermittelt werden, so daß Kinder lernen, ihre Handlungen einzuschätzen. Wenn die Erwartungen der Eltern und Kinder übereinstimmen, gibt es keinen Konflikt. Wenn Kinder einige einfache Wege kennenlernen, ohne eigenen Nachteil ihren Eltern Freude zu machen, werden sie das wahrscheinlich tun. Kann ein Kind seine Eltern jedoch nur auf Kosten eigener Interessen erfreuen, wird es das übelnehmen und sich zurückgesetzt fühlen. Eine häufige Ursache für schlechtes Benehmen.

Die grundlegende Strategie besteht darin, Kindern beizubringen, Erwartungen zu erfüllen und gleichzeitig darin eine Befriedigung zu entdecken. Dafür ist der freizügige Umgang mit verfügbaren Belohnungen notwendig.

Wie Kinder die Entscheidungen von Eltern sabotieren

Kinder verfügen über viele Strategien, um Zielen von Erwachsenen entgegenzuwirken. Daraufhin sind Erwachsene frustriert und fühlen sich machtlos.

Die Versuche von Kindern, Verantwortung zu vermeiden, haben häufig den Anschein, vernünftig zu sein. Eltern oder Lehrer haben den Eindruck, daß ein Kind absichtlich zu Ausweichstrategien greift, die aber so subtil oder scheinbar vernünftig dargestellt werden, daß man daran kaum etwas auszusetzen findet.

Kinder erwecken absichtlich den Eindruck, inkompetent oder unverantwortlich zu sein. Wenn sich ein Kind bei Aufgaben als unfähig erweist, folgern Erwachsene daraus, daß es nicht lernfähig ist. Kindern mit dem «Glück», einen solchen Ruf zu haben, werden dann keine Aufgaben mehr gestellt. Ihnen wird die «Narren-Rolle» in der Familie oder Klasse sogar gut gefallen.

Langsamkeit wird genutzt, um Aufgaben nicht zu Ende zu

führen. Kinder, die von dieser Strategie Gebrauch machen, erledigen ihre Aufgaben so langsam oder müssen so häufig an etwas erinnert werden, daß die Eltern verzweifelt meinen, «sie könnten es leichter selbst tun».

Bei manchen Kindern werden Dinge «niemals nicht», aber auch niemals wirklich getan. Diese Kinder scheinen sich viel Mühe zu geben und fangen immer wieder falsch an. Schon am Anfang bekunden sie ihre Verwirrung oder Frustration oder klagen über Schmerzen. Kinder, die sich dieser Strategie bedienen, können kaum dafür bestraft werden, etwas nicht getan zu haben, da sie immer darauf hinweisen können, «wie sehr sie sich bemüht haben».

Kinder, die nie etwas vollständig tun. Sie machen einen großen Wirbel daraus, um allen ihre Hilfsbereitschaft zu demonstrieren. Wenn sie aber «fertig» sind, bemerken die Eltern, daß die Aufgabe nicht vollständig gemacht wurde. Es ist kaum möglich, das Kind aufgrund der Tatsache, daß etwas *nicht getan wurde*, zu tadeln, eben weil so viel *getan worden ist.* Wendet das Kind diese Strategie regelmäßig an, werden Eltern und Lehrer bald *davon ausgehen*, daß es nicht besser geht, sie werden die Sache anderen überlassen oder sie selbst erledigen.

«Pingelige» Kinder streiten sich gern über Aufgaben und lehnen sich wegen Kleinigkeiten auf. Auch wenn Eltern vernünftige Forderungen stellen, werden diese Kinder etwas Unklares oder «Ungerechtes» bei der Aufgabe finden. Diese Kinder reden lieber über Aufgaben, als sie zu erledigen, und weichen so, wenn man es zuläßt, den Aufgaben aus.

Es gibt Kinder, die sich bis ins Extrem an «die Buchstaben des Gesetzes» halten, die eigentliche Aufforderung aber nicht erfüllen. Ein Beispiel dafür wäre ein Kind, das seine Sachen auf Bett oder Kommode verstreut, nachdem es aufgefordert wurde, sie vom Boden zu räumen. Oder es fegt das Laub vom Rasen auf die Mitte der Hauszufahrt und verkündet, daß «die Blätter vom Rasen weg seien».

Kinder benutzen Ausreden, die nicht ganz «irrational» sind. Es ist schwierig, die Glaubwürdigkeit einer schwachen Ausrede anzufechten. Der verletzte Gesichtsausdruck eines Kindes kann das Herz des strengsten Erwachsenen zum Schmelzen bringen. Ein Beispiel dafür ist ein Kind, das das Wohnzimmer saugen soll und anschließend erzählt, daß der Hund solche Angst hatte, daß es sich statt dessen den ganzen Nachmittag um ihn kümmern mußte. Ein anderes Beispiel: Ein Kind ist normalerweise zappelig, wenn es mit seiner Mutter einkaufen geht. Nachdem es gerade zum guten Benehmen aufgefordert wurde, stößt es «zufällig» gegen ein Regal. Der folgende Aufstand wird sich kaum von den Szenen unterscheiden, die sich sonst abspielen.

Viele Kinder machen von «unsichtbaren Symptomen» Gebrauch. Das Kind klagt über Schmerzen, fühlt sich übel, ängstlich oder hat etwas einfach «vergessen». Eltern können nicht beurteilen, ob solche Aussagen wahr sind. Das läßt sich veranschaulichen bei dem Kind, das nach dem Mittagessen abwaschen soll, sich aber nicht wohl fühlt und sich hinlegen möchte. Es ist für Eltern schwierig, auf eine solche Bitte nicht einzugehen. Wenn aber das Kind eine Stunde später fidel in seinem Zimmer spielt (und alle Schmerzen plötzlich verschwunden sind), ist es für die Eltern ebenfalls schwierig, nicht verärgert zu sein.

Vergessen

Wir sollten auf den letzten Punkt etwas näher eingehen, da sich bei der Erziehung zur Verantwortung die grundlegende Frage stellt, wer für das «daran denken» verantwortlich ist. Es gibt wohl kaum Eltern oder Lehrer, die den Satz «Ich habe es vergessen» noch nicht gehört haben. Kinder können durchaus kompetent sein und ihren Eltern gefallen wollen. Um aber verantwortungsvoll zu sein, müssen sie auch die Verantwortung für das eigene *Gedächtnis* übernehmen.

Kinder erinnern sich meistens an Dinge, die für sie wichtig sind, vergessen aber die Dinge, die Eltern oder Lehrer für wichtig halten. Dasselbe Kind, das *jeden Tag vergißt*, den Müll herauszubringen, kann sich an ein vages Versprechen, das Wochen zurückliegt, noch dann erinnern, wenn es vom Erwachsenen schon längst vergessen worden ist.

Kinder haben ein anderes Zeitgefühl als Erwachsene. Sehr kleine Kinder leben in der Gegenwart und nicht in der Vergangenheit oder Zukunft. Ein Kind, das in einer bestimmten Aktivität völlig versunken ist, wird dabei andere Verantwortung oder Verpflichtungen vergessen.

Es gibt verschiedene Kunstgriffe, die Kindern helfen, sich zu erinnern, und die mit wachsender Annahme von Verantwortung gelockert werden können.

- *Schreiben Sie Verpflichtungen auf und hängen Sie sie aus.*
  Behalten Sie Abschriften der Aufgaben. Errichten Sie ein Mitteilungszentrum oder hängen Sie die Aufgabenliste in die Zimmer der Kinder.
- *Erinnern Sie Kinder nicht noch einmal, wenn sie sagen, daß Sie gehört und verstanden haben.*
  Kinder an Dinge zu erinnern kann zur schlechten Gewohnheit werden; Kinder verlassen sich darauf.
- *Bringen Sie so viel Regelmäßigkeit wie möglich in den Alltag.*
  Regelmäßige Ereignisse, vorhersehbare Zeitabläufe helfen Kindern, sich zu erinnern. Pflichten, die mit regelmäßigen Ereignissen verknüpft sind, werden besser erledigt.
- *Zögern Sie nicht, ein Kind für sein Vergessen zu bestrafen.*
  Eine milde Strafe, die mit einer vergessenen Hausarbeit verknüpft ist, kann ein Ansporn für das Erinnerungsvermögen des Kindes sein.
- *Erinnern Sie sich an Vereinbarungen.*

Wenn Eltern etwas vergessen, geben sie ihren Kindern stillschweigend die Erlaubnis, es ihnen gleichzutun. Erinnern Sie sich, daß nach kindlicher Auffassung das Vergessen eines Versprechens eine der größten elterlichen Sünden ist. Tun Sie alles, was Sie können, um sich an das zu erinnern, was Sie mit Ihrem Kind vereinbart haben – schreiben Sie es auf, machen Sie einen Aushang, binden Sie sich einen Bindfaden um den Finger.
Kinder glauben oft, daß ihr Tagesprogramm das wichtigste der Familie sei. In diesem Glauben mißachten oder vergessen sie leicht ihre Verantwortlichkeiten. Ihre Beziehungen innerhalb und außerhalb der Familie verbessern sich, wenn Kinder lernen, sich an Verpflichtungen zu erinnern.
Wenn Eltern hin und wieder die Vorhaben der Kinder respektieren, verhilft es ihnen zu einer Haltung, in der gegenwärtige Vergnügungen zugunsten der Bedürfnisse anderer aufgeschoben werden können. Eltern sollten jedoch nicht ihre eigenen Vorhaben aufgeben, um sich den Wünschen der Kinder anzupassen. Mit zunehmendem Alter wird die Erfahrung wichtig, daß auch ihre persönlichen Pläne zweitrangig behandelt werden können.

Wie Kinder anderen die Schuld geben

Um Verantwortung zu vermeiden, benutzen Kinder u.a. die Strategie, Eltern und Lehrern die Schuld zu geben. Kinder, die anderen die Schuld an unerfüllten Aufgaben geben, vermitteln den Eindruck, daß unvernünftig hohe Anforderungen gestellt wurden. Durch Schuldzuweisungen zeigen Kinder an, wie machtlos sie in der Erfüllung ihrer Verpflichtungen sind.

Durch demonstrierte Machtlosigkeit kann ein Kind Verantwortung vermeiden. Macht drückt sich in Entscheidungen und Wahlmöglichkeiten aus. Solange andere für Entscheidungen und Wahlmöglichkeiten verantwortlich sind, bleibt das Kind unschuldig.

Wenn Erwachsene die Verantwortung dafür übernehmen, sich an die Verpflichtungen der Kinder zu erinnern, ist das Kind für sein Gedächtnis nicht verantwortlich. Wenn eine Aufgabe nicht beendet wurde, kann das Kind sagen, daß es nicht daran erinnert worden sei. Wenn es der Erwachsene für seine Verantwortung hält, das Kind zu erinnern, dann ist nicht mehr das Kind für seine Aufgaben verantwortlich, sondern der Erwachsene.

Ein Kind kann Schuld zuweisen, indem es Wege findet, den Erwachsenen für unbeendete Aufgaben verantwortlich zu machen. Ein Kind, dem zum Beispiel aufgetragen wurde, die Veranda zu fegen, und dieses nicht getan hat, kann sagen: «Du hast mir nicht gesagt, wo der Besen ist, und ich konnte ihn nicht finden.» Das Kind deshalb zur Rede zu stellen ist frustrierend, da es immer etwas erfindet wie: «Ich habe in der Küche und im Flur geguckt.» Einem Elternteil scheint es unglaubhaft, daß ein Kind nicht weiß, in welchem Wandschrank der Besen seit vier Jahren aufbewahrt wird. Das Kind kann mit unschuldigem Blick behaupten, ihn nie gesehen zu haben.

Kinder können Erwachsene für unklare Botschaften verantwortlich machen. Erwachsene sind hier häufig schuld, da sie nicht immer überprüfen, ob Mitteilungen auch empfangen wurden. Die einfachste Methode ist, Kinder Instruktionen wiederholen zu lassen und nachzufragen, ob etwas nicht verstanden wurde. Für Kinder kann es vorteilhaft sein, wenn Erwachsene sich unklar ausdrücken, da sie einen «Grund» bekommen, eine Aufgabe nicht zu erfüllen. In dem Beispiel von eben kann das Kind sagen: «Du hast mir nicht erzählt, daß der Besen im Wandschrank ist.» Da diese Feststellung wahr ist, fühlen sich Eltern unterschwellig enttäuscht und manipuliert.

Kinder weisen Schuld zu, indem sie den Charakter des Erwachsenen kritisieren. Indem Kinder den Gerechtigkeitssinn, die Ehrlichkeit oder das Verantwortungsgefühl von Eltern oder

Lehrern angreifen, fordern sie die Integrität der Erwachsenen heraus. Ein Kind kann den Erwachsenen zum Beispiel beschuldigen, von ihm mehr zu verlangen als von anderen Familien- oder Klassenmitgliedern. Oder das Kind beschuldigt den Erwachsenen, es nicht von vornherein über anstehende Arbeiten informiert zu haben. Diese Beschuldigung mag unter Umständen wahr sein, aber Erwachsene müssen die Autorität haben, hin und wieder und besonders unter unvorhersehbaren Umständen ohne Vorwarnung etwas von Kindern zu fordern. Wenn persönliche Eigenschaften wie Fairneß oder Ehrlichkeit angegriffen werden, fühlen sich Erwachsene oft schuldig, aufgebracht oder enttäuscht, was die Beziehung zu Kindern erschwert.

Kinder vermeiden Verantwortung, indem sie die Schwächen der Erwachsenen herausstellen. Dieses stimmt besonders zu Hause. Ein Kind, von dem zum Beispiel gefordert wird, sein Zimmer sauberzumachen, kann entgegnen, daß auch das elterliche Zimmer kein Musterbeispiel strahlender Sauberkeit sei. Für Eltern ist es weder möglich noch notwendig, die Erwartungen, die sie an die Kinder stellen, selbst perfekt zu erfüllen. Da normalerweise jede von Kindern hervorgehobene Schwäche ein Körnchen Wahrheit enthält, wird der Elternteil innehalten und seine Forderungen überprüfen. Solche Beschuldigungen setzen eine Diskussion in Gang. Wenn aber Eltern und Kinder streiten, bleibt die Arbeit liegen.

Kinder sind sehr geschickt darin, die Schwächen der Eltern herauszufinden. Kinder meinen, verantwortungslos sein zu können, wenn sie der Überzeugung sind, daß sich ihre Eltern auch so verhalten. Eltern spüren dann in der Haltung des Kindes, daß zunächst sie selbst «an der Reihe» seien und daß das Kind erst dann, aber nicht vorher, nachziehen wird. Bei aller Zeit und Energie, die Eltern für die Fürsorge ihrer Familie aufbringen, werden Kinder, die Verantwortung vermeiden wollen, immer gewisse Schwächen bei den Eltern ausfindig machen.

Wenn Kinder die Gefühle anderer verletzen

Kinder besitzen große Macht. In einer zunehmend kinderorientierten Gesellschaft wird die Wirkung, die Kinder auf Eltern und Lehrer haben, häufig übersehen. Wir sehen leicht ein, daß Erwachsene die Gefühle ihrer Kinder verletzen können. Tatsache ist aber auch, daß Erwachsene von Kindern verletzt werden können. Durch die Verleugnung solcher Gefühle entstehen dann Grollgefühle und Frustration.

- Die größte Waffe, die Kinder besitzen, ist ihre Fähigkeit, Erwachsenen Schuldgefühle einzuflößen. Darauf sind wir in den letzten Kapiteln bereits ausführlich eingegangen.
- Kinder sind Meister darin, die Gefühle ihrer Eltern zu verletzen, indem sie ihnen ihre Individualität und Einzigartigkeit absprechen. Wenn Kinder ihren Eltern vorwerfen, daß sie «wie alle anderen Eltern» oder «wie alle frustrierten Erwachsenen» seien, leugnen sie, daß für sie die Eltern etwas Besonderes sind. Einer Person ihre besonderen Qualitäten absprechen heißt, ihr Selbstwertgefühl angreifen. Alle Eltern möchten für ihre Kinder wichtig sein. Wenn ihnen von den Kindern Gleichgültigkeit vorgeworfen wird, kann das sehr verletzend sein.

- Machen Kinder ihren Eltern Vorwürfe wegen bestimmter Strafmaßnahmen, deuten sie damit manchmal an, die Eltern freuten sich über das Unwohlsein des Kindes. Derartige Vorwürfe, durch die den Eltern Bösartigkeit unterstellt wird, sind sehr verletzend.
- Eltern und Lehrer fühlen sich oft dadurch verletzt, daß Kinder ihre Erwartungen, selbst niedrige Erwartungen, nicht erfüllen. Erwachsene neigen dazu, das Verhalten von Kindern zumindest teilweise auf ihre eigenen Fähigkeiten zurückzuführen. Erbringen die Kinder eine schlechte Leistung, glauben die Erwachsenen, versagt zu haben.
- Lösen Kinder beim Erwachsenen Ärger aus, fühlt sich diese Person meistens unwohl. Ärger ist eine Vorstufe von Wut. Nach einer Weile spürt der Erwachsene vielleicht, wie seine Wut im Inneren brodelt, und daß sie zum Ausbruch kommt, ist wahrscheinlich. Hat sich die Beziehung zwischen Kindern und Erwachsenen bis zu diesem Punkt hin verschlechtert, fühlt sich der Erwachsene häufig verletzt und neigt sogar zu Depressionen.
- Eltern und Lehrer möchten von Kindern anerkannt werden. Wenn Kinder ihre Anerkennung trotz vieler Mühen verweigern, fühlen sich Erwachsene verletzt. Kinder werden keine Punkte für gute Leistungen erteilen, aber wenn sie es möchten, sind sie durchaus in der Lage, ihre Anerkennung zu demonstrieren. Geschieht das nicht, sind Erwachsene enttäuscht.
- Zu verletzten Gefühlen kommt es bei Erwachsenen besonders dann, wenn sich das Verhalten der Kinder nicht nach den ethischen Maßstäben ihrer Eltern richtet. Vor allem wenn ein Kind lügt oder stiehlt und sich anderen gegenüber verletzend oder unsensibel verhält, fühlen sich Erwachsene dafür persönlich verantwortlich und glauben, in ihrer Rolle versagt zu haben.

Kinder haben die Möglichkeit, die Gefühle von Erwachsenen zu verletzen, leider gibt es keine eindeutige Formel, damit umzugehen.

- Selbstbewußte Eltern und Lehrer, die ihre Kinder oder Schüler *«im Griff»* haben und deren *Autorität* durch die Kinder bestätigt wird, werden aller Wahrscheinlichkeit nach wesentlich seltener unter verletzten Gefühlen leiden.
- Wenn eine klare und konsequente Kommunikation herrscht, und wenn Kinder die Erwartungen und Maßstäbe ihrer Eltern verstehen, neigen sie weniger dazu, die Gefühle ihrer Eltern zu verletzen bzw. dies überhaupt zu versuchen.
- Erwachsene können es vermeiden, verletzt zu werden, indem sie auf schlechtes Benehmen direkt und wohlüberlegt reagieren. Wenn Eltern und Lehrer zuversichtlich sind, daß sie über bestimmte Methoden verfügen, um mit Problemen umzugehen, und wenn klare Ziele gesetzt werden, sind sie aufgrund ihrer Selbstsicherheit vor einer Verletzung geschützt.
- Sind Erwachsene in der Lage, sich mit Kindern sowohl über die eigenen Gefühle als auch über die der Kinder zu unterhalten, können sie zum Ausdruck bringen, wann sie verletzt sind, und auch daran arbeiten, die Probleme zu lösen. Kinder wissen häufig nicht, daß sie andere verletzt haben, wenn ihnen dies nicht auf eine verständliche Art und Weise vermittelt wird.

Werden Erwachsene von Kindern verletzt, so glauben manche, das Recht zu haben, es den Kindern heimzuzahlen. «Auge um Auge, Zahn um Zahn.» Derartige Reaktionen tragen zu einem Klima bei, in dem «erlaubt» ist, sich gegenseitig zu verletzen. Vermeiden Erwachsene es, die Gefühle ihrer Kinder zu verletzen, und bringen sie ihnen Achtung entgegen, werden auch die Kinder kein Bedürfnis haben, die Gefühle der Erwachsenen zu verletzen.

Eltern als Vorbilder für verantwortungsbewußtes Verhalten

Jede Familie ist einzigartig, und diese Einzigartigkeit sollte respektiert werden. Jeder, der eine Familie gründet, bringt Erfahrungen aus dem eigenen Elternhaus mit. Heiraten zwei Menschen aus unterschiedlichem Elternhaus, entsteht eine völlig neue Situation für die nächste Kindergeneration. In jeder Familie sollten die Werte und Einstellungen der anderen Familienmitglieder respektiert werden. Eine Familie sollte auf eine Art und Weise funktionieren, in der jedes Individuum durch seine Teilnahme an Familienangelegenheiten ein Höchstmaß an Befriedigung erfahren kann.

Die Tatsache, daß sich Familien voneinander unterscheiden, heißt nicht, daß eine Familie besser oder schlechter wäre als die andere. Eltern müssen für sich entscheiden, welche Erwartungen sie für vernünftig halten und welche Einstellungen sie in der eigenen Familie hervorheben möchten. In manchen Familien gelten Arbeit und Leistung als die höchsten Werte. In anderen Familien wird eher die Qualität menschlicher Beziehungen betont. Dieser Ratgeber kann allen Familien helfen, indem nur die Prozesse angewandt werden, die für die eigenen Ziele am effektivsten sind. Schauen Sie sich die Vorschläge in diesem Ratgeber an, und entscheiden Sie sich selbst für diejenigen, die Ihren Zielen als Eltern am ehesten entsprechen.

Das einzig gültige Kriterium ist die Zufriedenheit Ihrer ganzen Familie.

Verantwortungslose Eltern können ihren Kindern keine Verantwortung beibringen. Eltern, die andere für ihre Schwierigkeiten verantwortlich machen, die unschlüssig sind, die Dinge vergessen, andere manipulieren und andere für sich entscheiden lassen, leben ihren Kindern lediglich Verantwortungslosigkeit vor.

Kinder verbringen eine Menge Zeit damit, das Verhalten ihrer Eltern zu beobachten und nachzuahmen. Wenn sich Eltern ihren Aufgaben mit Lust und Entschlossenheit widmen, neigen Kinder dazu, diese Eigenschaften zu übernehmen. Für Eltern ist es besonders wichtig, daß sie sich im direkten Umgang mit ihren Kindern verantwortungsbewußt verhalten. In solchen Situationen können Kinder am meisten über Verantwortung lernen.

Kinder lernen Verantwortung, wenn sie sehen, daß sich ihre Eltern mit schwierigen Aufgaben auseinandersetzen. Das gilt nicht nur für harte Arbeit, sondern auch dafür, daß man die eigenen Gefühle beherrscht, angemessene Entscheidungen trifft, die Bedürfnisse anderer berücksichtigt und in der Lage ist, schwierige Entscheidungen in bezug auf die Kinder zu treffen.

Verhalten sich Eltern inkonsequent, spüren die Kinder das als erste. Häufig ist diese Inkonsequenz darauf zurückzuführen, daß die Eltern vergessen, was sie dem Kind gesagt haben. Die Person, die dies immer bemerkt, ist das Kind selbst. Wenn Eltern inkonsequent sind, entwickeln Kinder die Einstellung, daß dies in menschlichen Beziehungen gang und gäbe sei. Ständige Inkonsequenz, ist eine Form von Verantwortungslosigkeit.

Inkonsequenz sollte nicht mit Flexibilität verwechselt werden. Flexibel zu sein bedeutet, daß die Eltern bereit und in der Lage sind, verschiedene Methoden anzuwenden, um ein beständiges Ziel zu erreichen. Greift eine Methode nicht, wird eine andere ausprobiert. Inkonsequent zu sein heißt, daß die Eltern, häufig unbewußt, ihre Ziele ändern. Eventuell kommen die Eltern zu dem Schluß, es sei doch zu schwierig, das Kind für das Nichteinhalten einer bestimmten Regel verantwortlich zu machen. Anstatt standhaft zu bleiben und nach einer neuen Methode zu suchen, ändern sie ihre Ziele, um den eigenen Seelenfrieden nicht zu stören, oder sie übernehmen die Aufgabe für das Kind.

Kinder lernen ebenfalls dadurch, daß sie den Umgang der Eltern miteinander beobachten. Übernehmen Eltern direkt und ehrlich die Verantwortung füreinander und für die Familie, ist es viel leichter für die Kinder, ebenfalls Verantwortung zu übernehmen. Wenn Kinder beobachten, daß ihre Eltern Konflikte freundschaftlich und gütlich miteinander lösen, werden sie auch dieses Verhalten nachahmen.

Sobald man Kindern die Verantwortung für etwas übertragen hat, sollte man sie nicht verwirren oder zu Unverantwortlichkeit anleiten, indem man ihnen diese Verantwortung wieder entzieht.

Eltern entziehen ihren Kindern Verantwortung, indem sie:

- sie an Dinge erinnern, die das Kind «vergißt»
- die Aufgabe selbst erledigen, «weil es so leichter geht»
- die Fähigkeiten des Kindes unterschätzen
- dem Kind glauben, wenn es sich als inkompetent oder verantwortungslos bezeichnet
- Aufgaben des Kindes übernehmen, damit es die Eltern mag bzw. aufhört, ihre Gefühle zu verletzen
- glauben, daß lediglich Eltern, die hart arbeiten und viel für ihre Kinder tun, auch verantwortliche, «gute» Eltern sind.

Es ist schwierig, sich einfach zurückzuhalten und zuzusehen, wenn sich ein Kind abmüht, um etwas Neues zu lernen. Eine «innere Härte» ist notwendig, wenn Eltern ihren Kindern Verantwortung beibringen wollen. Eltern müssen es zulassen, daß ihre Kinder Fehler machen und aus ihren Fehlern lernen. Eltern sollten ihre Forderungen an das Kind deutlich machen, ihm die notwendigen Alternativen zeigen und demonstrieren, wie es seine Aufgaben erfüllen kann. Danach ist es allerdings wichtig, daß sie sich zurückhalten und dem Kind die Möglichkeit geben, eigene Erfahrungen auf dem Weg zum verantwortungsbewußten Menschen zu machen.

Wir möchten bei Eltern keine Schuldgefühle hervorrufen, wenn sie diesen hohen Erwartungen nicht entsprechen. Tatsache ist jedoch, daß die Fähigkeit des Kindes, verantwortungsbewußt zu handeln, in dem Maße steigt, in dem es dieses Verhalten unverkrampft bei seinen Eltern beobachten kann.

Sind Eltern fair, formulieren ihre Erwartungen eindeutig, setzen Strafen sowie Belohnungen konsequent ein und halten ihre Versprechungen, werden Kinder auch zu einer verantwortungsbewußten Einstellung kommen.

Wieviel darf man von Kindern erwarten?

Diese Frage wird häufig von besorgten Eltern gestellt, die sich für eine Erziehung zur Verantwortung interessieren. Eine einfache Antwort auf diese Frage gibt es nicht. Hier spielen sowohl die Wohnverhältnisse und das Einkommen als auch die Größe der Familie sowie eine Menge anderer Gesichtspunkte eine Rolle.

Die folgenden Richtlinien können Eltern dabei helfen, eine Entscheidung in dieser Angelegenheit zu treffen:

- *Alle Kinder müssen für etwas im Haus verantwortlich sein.* Eltern sollten die Aufgaben, die für den häuslichen Ablauf notwendig sind, unter den Familienmitgliedern verteilen. Dabei sollten den Kindern Aufgaben zugeteilt werden, die ihr Verantwortungsbewußtsein fördern.
- *Das Verhältnis zwischen Arbeit und Spiel muß ausgewogen sein.* Kinder brauchen Zeiten, in denen sie ihren Eltern gegenüber verantwortlich sind, sowie Zeiten, in denen sie für sich selbst und ihre eigenen Tätigkeiten Verantwortung übernehmen. Dieses Gleichgewicht wird sich mit der Entwicklung des Kindes verschieben.

- *Die Komplexität der Aufgaben und das Leistungsniveau ändern sich mit der Zeit.* Es gibt Zeiten in der Entwicklung des Kindes, in denen persönliche Bedürfnisse Vorrang vor den häuslichen bekommen sollten. Tritt das Kind zum Beispiel in einen Sportverein ein oder geht anderen wichtigen Aktivitäten nach, müssen seine häuslichen Verpflichtungen eventuell darauf abgestimmt werden. Kinder brauchen die Gelegenheit, auch außerhalb des Hauses etwas über menschliche Beziehungen sowie andere Fertigkeiten zu lernen. Dennoch darf ein Kind mit vielen außerhäuslichen Interessen nicht von allen Verpflichtungen im Haus befreit werden. Eine Balance zwischen der Verantwortung außerhalb und innerhalb der Familie ist für Kinder sehr gesund.
- *Die Erwartungen an das Kind sollten flexibel gehandhabt werden,* damit das Kind eine gerechtfertigte Zeit hierfür verwendet. Täglich zwei oder drei einfache Aufgaben beanspruchen nicht mehr als 10 bis 20 Minuten von seiner Zeit. Komplexe Aufgaben, die mehr Zeit in Anspruch nehmen, sollten sporadisch verteilt werden. Wenn das Kind im voraus darüber informiert wird, lassen sich solche Aufgaben mit anderen Terminen leicht vereinbaren.
- *Die zeitliche Abstimmung von Aufgaben fördert die Leistungsfähigkeit des Kindes.* Werden Aufgaben und ihre zeitliche Einteilung klargestellt, kann das Kind die Verantwortung für die eigene Zeitplanung übernehmen, um Konflikte zwischen seinen häuslichen Aufgaben und den eigenen Aktivitäten zu vermeiden.

Viele Eltern fragen sich, wie alt ein Kind sein soll, bevor es an verantwortungsfördernde Verhaltensweisen herangeführt werden kann. Die Antwort darauf lautet, daß solche Erziehungsmethoden so früh wie möglich einsetzen sollen. Das Kind macht seine ersten Schritte in diesem Lernprozeß beim Spielen. Eltern können sich Spiele für das Kind ausdenken, anhand deren sich Einstellungen und Gewohnheiten in Hinblick auf Erwartungen entwickeln können.

Sobald ein kleines Kind Laufen lernt, Dinge bewegt und eine einfache Sprache versteht, kann es dazu ermutigt werden, sein Spielzeug wegzuräumen, mit Haustieren richtig umzugehen, einfache Aufgaben in seinem Zimmer zu übernehmen und den Eltern bei ihren Aufgaben zu helfen. Kleine Kinder demonstrieren ihre Fähigkeiten liebend gern durch Tätigkeiten, für die sie gelobt werden, vor allem wenn sie dabei das Verhalten von Erwachsenen nachahmen können.

Auch wenn ein kleines Kind von zwei oder drei Jahren nicht in der Lage ist, den Müll herauszutragen, kann es doch einige Abfälle in eine kleine Tüte tun und so seinen Eltern oder älteren Geschwistern helfen. Auch das Staubsaugen läßt sich spielerisch in eine Reise verwandeln, so daß das Kind an der Arbeit teilnehmen und dabei seine Mutter oder seinen Vater beobachten kann.

Eltern müssen erkennen, daß die Fertigkeiten eines kleinen Kindes sowie seine Ausdauer begrenzt sind. Wenn ein Kind «beim Abwaschen hilft», wird vielleicht mehr herumgeplanscht als wirklich abgewaschen, und trotzdem wird das Kind auf diese Weise mit einigen Handgriffen vertraut gemacht. Macht eine Beschäftigung Kindern Spaß, werden sie diese auch fortführen. Dennoch werden kleine Kinder leicht abgelenkt und können sich nicht lange auf eine Sache konzentrieren. Eltern sollten dies berücksichtigen und keine unrealistischen Erwartungen an das Kind stellen.

Kleine Kinder neigen dazu, sich plötzlich zu widersetzen. Auch wenn sie bereits häufiger bei einer Aufgabe «geholfen» haben, kommt es vor, daß sie sich unvermittelt dagegen sträuben. Es kann dann entweder mit etwas Zureden das Interesse des Kindes wieder geweckt oder eine andere Beschäftigung vorgeschlagen werden.

Mit der Zeit können solche «Spiele» immer regelmäßiger

ausgeführt werden. Ständig gibt es Spielsachen, die weggeräumt werden müssen, sowie Müll, den man hinaustragen muß, Teller, die zu spülen sind, oder Dinge im Haus, die gereinigt werden müssen. Es gibt auch für sehr kleine Kinder immer Gelegenheiten, regelmäßig bei derartigen Aufgaben mitzuwirken. Wenn ein Kind bestimmte Aufgaben wiederholt und beobachten kann, daß sich seine Eltern oder ältere Geschwister ebenfalls regelmäßig diesen Aufgaben widmen, wird es bald begreifen, daß sie zum alltäglichen Ablauf des Familienlebens gehören. Ein kleines Kind wird sich mal mehr und mal weniger für solche Aufgaben interessieren. Wichtig ist, daß ein Klima herrscht, in welchem dem Kind die *Notwendigkeit* bestimmter Tätigkeiten erkennen kann.

Es gibt weitere Beispiele für Dinge, die ein sehr kleines Kind tun kann, um sein Verantwortungsbewußtsein zu fördern:

Es kann Bücher wegräumen, nachdem ihm vorgelesen wurde; es kann sein Zimmer so einrichten, daß seine Sachen alle einen bestimmten Platz haben; es kann lernen, wo bestimmte Dinge im Haus hingehören; es kann im Garten mithelfen, indem es Löcher gräbt oder Erde von einem Ort zum anderen trägt; es kann beim Autowaschen mithelfen. Letzteres empfiehlt sich besonders an heißen Tagen, wenn das Kind leicht angezogen ist und «Wasserspiele» attraktiv sind.

Eltern sollten diese Arbeiten gerade spielerisch verpacken. Sie sind ein wesentlicher Bestandteil der kindlichen Entwicklung. Haben Kinder bereits sehr früh die Gelegenheit, bei Aufgaben mitzuhelfen, wird sich bei ihnen eher eine langfristige verantwortungsbewußte Einstellung entwickeln.

Wie man Kindern Verantwortung nahebringen kann

Das Bewußtsein der eigenen Stärke

Voraussetzung für ein gutausgeprägtes Selbstwertgefühl ist die Entwicklung des Stärkebewußtseins beim Kind bzw. *das Bewußtsein, daß es die Mittel, die Möglichkeiten sowie die Fähigkeiten hat, auf das eigene Leben Einfluß zu nehmen.*

Ein Kind braucht die Möglichkeit, Entscheidungen zu treffen sowie seine Fertigkeiten anzuwenden und Aufgaben zu erfüllen, die seinen Fähigkeiten entsprechen. Mit anderen Worten: Dem Kind muß Gelegenheit verschafft werden, die Fertigkeiten anzubringen, die es *tatsächlich besitzt.* Das bedeutet zudem, daß sich immer wieder neue Möglichkeiten ergeben müssen, in denen das Kind neu erworbene Fertigkeiten üben kann. Dabei handelt es sich sowohl um geistiges als auch körperliches Können. Im Haushalt mitzuhelfen gibt dem Kind beispielsweise die Möglichkeit, körperliche Fertigkeiten auszuüben. Mit der Zeit wird das Kind immer geübter und wird in der Lage sein, komplexere Tätigkeiten in Angriff zu nehmen. Wichtig ist, daß ihm hierfür auch entsprechende Gelegenheit geboten wird.

Um überhaupt etwas machen zu können, brauchen Kinder die für die Aufgabe erforderlichen Mittel. Es ist zum Beispiel für ein Kind sehr schwierig, sein Zimmer ordentlich zu halten, wenn dafür nicht ausreichend Schränke oder Regale vorhanden sind. Da Kinder über die meisten Mittel nicht selbst bestimmen, können sie nur von den Eltern zur Verfügung gestellt werden.

Eltern müssen ihren Kindern Mittel zur Entwicklung von Fertigkeiten, Wissen und Wertvorstellungen bieten, die für ihr Heranwachsen erforderlich sind. Zu den vielen Dingen, die für Kinder wichtig sind, gehören Spiele, Bücher, Spielzeug, Zeichenpapier und Kuscheltiere. Wenn Kinder solche Dinge selbst besitzen, lernen sie zunächst, auf Sachen, die sie selbst schätzen, aufzupassen. Daraus ergibt sich, daß sie auch auf Dinge, die für andere wichtig sind, zu achten lernen.

Kinder können die Aufgaben, die ihnen von den Eltern zugeteilt werden, erst dann erfüllen, wenn sie die entsprechenden Fähigkeiten haben. Das bedeutet zunächst, daß sie über die dazu notwendigen körperlichen Fertigkeiten verfügen müssen. Hinzu kommt, daß sie verstehen müssen, warum etwas erledigt werden soll, und welche Folgen eintreten, wenn die Aufgabe nicht richtig ausgeführt wird. Das Leistungsvermögen von Kindern ist in der Regel größer, wenn sie genau begreifen, was Eltern von ihnen verlangen, und auch die Gründe dafür verstehen.

Für die Entwicklung des eigenen Stärkebewußtseins sind also die entsprechenden Mittel, Möglichkeiten und Fähigkeiten erforderlich. Dadurch wird das Kind in die Lage versetzt, Entscheidungen über die eigenen Tätigkeiten treffen zu können.

Durch das Lernen von Verantwortung wird das Stärkebewußtsein des Kindes größer. Kinder, die verantwortlich handeln können, sind selbstbewußter, beherrschter und wissen, wie sie zu Lob und Belohnungen gelangen können. Die Folge ist ein starkes Selbstwertgefühl.

Helfen Sie Kindern, Entscheidungen zu treffen

Das Stärkebewußtsein von Kindern äußert sich darin, daß sie Entscheidungen treffen und demnach handeln. *Verantwortungsbewußte Kinder können bessere Entscheidungen treffen.* Eltern und Lehrer können die Entscheidungsfähigkeit von Kindern fördern, indem sie folgende Hinweise befolgen:

- ➢ Helfen Sie dem Kind, zunächst das zu bewältigende Problem zu klären bzw. zu definieren.
- ➢ Helfen Sie dem Kind, nach alternativen Entscheidungsmöglichkeiten zu suchen.
- ➢ Helfen Sie dem Kind, sich für eine dieser Möglichkeiten zu entscheiden, indem Sie gemeinsam die jeweiligen Folgen gegeneinander abwägen.
- ➢ Helfen Sie dem Kind, durch Feedback und Gespräche die Effektivität seiner Entscheidung einzuschätzen.

Diese vier Schritte lassen sich nicht immer befolgen. Dennoch ist es hilfreich, diese Hinweise im Gedächtnis zu behalten, um sie in angemessenen Situationen anwenden zu können.

Was ist das Problem?

Um ein Problem lösen zu können, muß das Kind es zunächst erkennen. Dies wird häufig erschwert durch die Unerfahrenheit des Kindes sowie die Neigung, Verantwortung zu vermeiden oder auf andere zu schieben. Helfen Sie dem Kind, sich über die eigene Wahrnehmung der Situation bewußt zu werden. Fragen Sie es, was es *sieht und hört*, wie es sich in der Situation *fühlt*, und was es daran *ändern* möchte.

Einem Kind beim Klären eines Problems helfen heißt nicht, ihm die eigene Definition des Problems aufzudrücken. Es bedeutet vielmehr, durch gezielte Fragen dem Kind zu einer eigenen Definition zu verhelfen. Wenn zu viele wohlgemeinte Ratschläge erteilt werden, können Kinder davon abhängig werden, oder sie bekommen das Gefühl, man höre ihnen nicht zu. Ist letzteres der Fall, hört das Kind bald auf, um Hilfe zu bitten.

Wenn Kinder lernen, ihre Gefühle genau zu beschreiben, verbessert sich ihre Entscheidungsfähigkeit. Dies ist besonderes wichtig, wenn es sich um das Identifizieren eines Problems handelt. Im Gespräch über ein Problem müssen Erwachsene dem Kind das notwendige Vokabular anbieten, um seine Gefühle genau benennen zu können. Mit anderen Worten, Kinder sollten nicht nur lernen, ihre Gefühle auszudrücken, sie sollten auch lernen, ihre Gefühle zu beschreiben. Dadurch sehen sie sich selbst aus anderer Perspektive und sind eher in der Lage, die eigenen Gefühle zu beherrschen. Gefühle lassen sich besser kontrollieren, wenn man sie versteht. Manchmal kann ein Kind nur dann eine gute Entscheidung treffen, wenn es dafür seine Gefühle lange genug beherrschen kann.

Die Suche nach Alternativen

An dieser Stelle können Erwachsene sehr wohl Ratschläge anbieten. Für Kinder ist es häufig schwierig, alternative Lösungsmöglichkeiten zu finden, besonders wenn das Problem viele Emotionen auslöst. Kinder neigen dazu, die eine «beste» Lösung schnell finden zu wollen.

Die Entscheidungsfähigkeit eines Kindes kann nur dann entwickelt werden, wenn es zwei oder mehr Alternativen zur Auswahl hat. Es ist zu empfehlen, sich über die Ideen des Kindes erst dann zu äußern, wenn mehrere Alternativen bereits vorgeschlagen wurden. Erwachsene sollten sich ebenfalls nicht zu kritisch zu den eigenen Ideen verhalten, bis diese auch dem Kind vorgetragen worden sind. Auch leichtsinnige oder unrealistische Vorschläge können dazu beitragen, daß sich das Kind über den Entscheidungsvorgang bewußt wird. Auch Erwachsenen fallen nicht immer gute Alternativen ein, und nicht in allen Fällen ist die beste Lösung tatsächlich offensichtlich.

Kinder werden bei der Suche nach Alternativen häufig ungeduldig und würden sich am liebsten auf eine Möglichkeit stürzen. Wenn ein Erwachsener auf Alternativen hinweist, wird der Entscheidungsvorgang verlangsamt. Das Kind wird sich der Entscheidungsstrategie bewußter und kann sich selbst als auch das Problem aus einem anderen Blickwinkel betrachten.

Was ist die beste Lösung?

Das Ziel der Problemlösung bzw. des Entscheidungsvorgangs ist, die «beste» Lösung auszusuchen. Wichtig dabei ist nicht nur die Bewältigung des Problems, *sondern auch*, daß sich das Kind mit seiner Entscheidung wohl fühlt. Eine solche Lösung bringt möglichst wenig negative und möglichst viele positive Folgen mit sich. Um die beste Lösung auszuwählen, sollten also die Folgen verschiedener Alternativen gegeneinander abgewogen werden.

Manchmal sind die Folgen einer Entscheidung erst dann erkennbar, wenn die Entscheidung bereits getroffen wurde. In solchen Fällen sollten Eltern und Lehrer dem Kind helfen, die möglichen Risiken einzuschätzen, und je nach Ergebnis dem Kind Unterstützung oder Anerkennung geben.

Größere Kinder nehmen die Voraussagen von Erwachsenen nicht immer ohne weiteres hin, sondern «überprüfen» gern, ob das, was ihnen angekündigt wurde, tatsächlich eintritt. Auch wenn sie Entscheidungen treffen, die aller Wahrscheinlichkeit nach problematische Folgen mit sich bringen, sollten Erwachsene nicht immer eingreifen. Nur so erhält das Kind die Möglichkeit, auch aus eigenen Fehlern und Erfahrungen zu lernen. Die Entscheidungsfähigkeit eines Kindes wird nicht durch die Erwartungshaltung gefördert, daß das Kind immer «gute» Entscheidungen trifft. Es geht vielmehr darum, daß es sich der Tatsache bewußt ist, überhaupt eine Entscheidung getroffen zu haben. Nehmen Sie negative Folgen hin. Das wird Ihr Kind motivieren, sich künftig mehr Gedanken über die Folgen seiner Entscheidungen zu machen.

Wie ist das Ergebnis?

Kinder lernen einiges über den Entscheidungsprozeß, wenn Sie sie zum Nachdenken über die Ergebnisse ihrer Entscheidungen anregen. Anerkennung verstärkt das Erfolgserlebnis bei einem guten Ergebnis. Bei weniger guten Ergebnissen sollte auf die Alternativen erneut hingewiesen und überlegt werden, was schiefgelaufen ist. Dabei handelt es sich grundsätzlich um die Frage «Was ging schief?» und nicht um die Frage «Was hast du falsch gemacht?» Nicht nur die Rolle des Kindes, sondern die gesamte Situation sollte in Betracht gezogen werden. Regen Sie das Kind dazu an, sich über seine Vorgehensweise Gedanken zu machen, falls sich das gleiche Problem wieder stellen sollte. Sie können Ihr Kind auf solche Situationen vorbereiten, indem Sie ihm ein klares Bild der Alternativen vermitteln, nicht aber indem Sie seine Fehler in den Vordergrund stellen.

Zur Entwicklung der Entscheidungsfähigkeit gehört auch die Fähigkeit, sprachlich zu reagieren. Eltern können diese Fähigkeit schon früh unterstützen, indem sie das Kind vor einfache Entscheidungen stellen. Zum Beispiel: «Mit welchem Spielzeug möchtest du am liebsten spielen?» – «Was möchtest du zuerst essen, die Birne oder das Fleisch?» Auf diese Weise bekommt das Kind die Gelegenheit, über etwas zu bestimmen. Ihm immer mehr Möglichkeiten zu Problemlösungen zu verschaffen *bedeutet allerdings nicht, dem Kind alle wichtigen Entscheidungen überlassen.* Auch Eltern machen Fehler, während sie lernen, die Entscheidungsfähigkeit ihrer Kinder zu unterstützen. Es kann sein, daß sie auf die eigene Autorität bestehen müssen, wenn das Kind anfängt, «über ihren Kopf hinweg» zu bestimmen. Es gibt hierfür keine absolute Richtlinie. Alle Kinder lernen durch ihre Fehler. Sie müssen allerdings vor schmerzhaften oder gefährlichen Folgen geschützt werden.

Regeln und Grenzen

Kinder, die in einer Umgebung ohne klare Grenzen aufwachsen, werden ängstlich und verwirrt. Dadurch fehlt ihnen die notwendige Selbstdisziplin, um über das eigene Verhalten zu bestimmen. Sie neigen eher dazu, sich schlecht zu benehmen, und haben Schwierigkeiten, Anweisungen zu befolgen und Aufgaben zu erfüllen.

«Verwöhnte Kinder» werden nicht so geboren. Sie werden vielmehr durch ihre Erfahrungen geprägt bzw. durch das Fehlen bestimmter Erfahrungen.

Wir gehen im allgemeinen davon aus, daß verwöhnte Kinder zu viel bekommen. Eigentlich ist das Gegenteil der Fall. Ihnen werden ganz bestimmte Dinge nicht gegeben. Ihnen fehlt Klarheit über die Erwartungen ihrer Eltern, sie erhalten nicht genügend wichtige Aufgaben, und sie werden nicht konsequent für ihr Verhalten verantwortlich gemacht. Kein Kind kann zu viele Spielzeuge besitzen. Die meisten Kinder sind sehr wählerisch und spielen sowieso nur mit ihren Lieblingsspielsachen, auch wenn sie viel mehr zur Auswahl haben. Wenn aber dem Kind keine Verhaltensgrenzen gesetzt werden, und wenn ihm nicht beigebracht wird, auf die Bedürfnisse anderer Familienmitglieder zu achten, wird es seine Mittel dazu nutzen, andere zu stören. Das führt zu Frustration, Groll und Wut sowohl beim Kind als auch bei anderen Familienmitgliedern. Dasselbe läßt sich dann später im Klassenzimmer beobachten.

Auch die Eltern hegen meistens verborgene Grollgefühle ihren Kindern gegenüber. Auch ihnen fällt es schwer, ein Kind wirklich zu «mögen», wenn es ständig Forderungen stellt, andere manipuliert oder zu hysterischen Weinanfällen neigt. Solche Verhaltensweisen lassen sich nur vermeiden, wenn Eltern angemessene Regeln erstellen, ihre Erwartungen klarstellen und angemessene Folgen bzw. Strafen sowohl im voraus ankündigen als auch konsequent anwenden.

Aufgaben können zur Entwicklung von Verantwortung beitragen

Die Aufgaben und Pflichten, die für einen geregelten Ablauf im Haushalt erfüllt werden müssen, bilden den Grundstein für die Entwicklung des Verantwortungsgefühls. Weder Eltern noch Kinder möchten mit diesen Verpflichtungen übermäßig belastet werden, weshalb sie fairerweise auf alle Familienmitglieder verteilt werden sollten. Wenn Kinder ihre Eltern bei Aufgaben im Haushalt beobachten und auch selbst ausführen, begreifen sie allmählich deren Notwendigkeit, und sie lernen, daß sich die Familienmitglieder aufeinander verlassen können.

Aufgaben und Pflichten sind etwas Konkretes. Es läßt sich eindeutig klären, wie, wann und von wem sie übernommen werden sollen. Das Kind entwickelt dabei bestimmte Fertigkeiten und Vorstellungen über die Art und Weise, in der eine Aufgabe zu erledigen ist. Das läßt sich ebenfalls auf die Organisation eigener Tätigkeiten übertragen.

Kindern, denen nicht schon früh Aufgaben gestellt werden, fehlen später bis zum Teenager-Alter die Fertigkeiten, das eigene Umfeld zu organisieren, Ziele zu setzen und sich komplexen

Aufgaben zu stellen. Lernt ein Kind, eine Aufgabe Schritt für Schritt zu bewältigen, kann es dies auf andere Dinge, auf das Spielen oder die Arbeit übertragen.

Ein Kind lernt, eigene Dinge zu organisieren, weil es die Organisation seiner Umgebung erlebt hat. Nimmt ein Kind körperlich, geistig und emotional am Organisieren des Haushalts teil, ist es sehr viel eher in der Lage, sich in der Schule und im Rahmen eigener Tätigkeiten ähnlich zu verhalten.

Die Auseinandersetzung mit «äußeren Aufgaben» hilft einem Kind, sich bestimmter «innerer Abläufe» bewußt zu werden. Sogar das logische Denken wird gefördert, wenn ein Kind die «Logik» lernt, die auch normalen Abläufen im Haushalt, wie Wegräumen von Spielzeugen oder Aufräumen des eigenen Zimmers, zugrunde liegt. Kinder, die regelmäßig im Haushalt mithelfen, können Probleme besser lösen.

Seien Sie konsequent

Konsequentes Verhalten ist der beste Weg, um Kindern beizubringen, daß Erwachsene das, was sie sagen, tatsächlich meinen. Auf lange Sicht gesehen ist das konsequente Verweisen auf eine Regel und eine leichte Strafe, falls sie nicht eingehalten wird, sehr viel produktiver als Inkonsequenz und schwere Bestrafungen. Durch konsequentes Handeln können Eltern ihren Kindern zeigen, daß sie deren Verhalten wahrnehmen. Weiß das ein Kind, wird es eher dazu motiviert, sich angemessen zu verhalten.

Konsequentes Verhalten von Eltern und Lehrern gibt dem Kind Sicherheit. Wenn sich Kinder auf bestimmte Folgen nicht verlassen können, werden sie ängstlich. Manchmal scheint es sogar, daß sich Kinder schlecht benehmen, um Grenzen zu provozieren.

Wird eine schlechte Regel konsequent angewendet, führt dies

sowohl beim Kind als auch beim Erwachsenen zu Grollgefühlen und zu Ärger. Das inkonsequente Anwenden einer guten Regel führt lediglich zur mangelnden Kontrolle über das Verhalten des Kindes. Die konsequente Anwendung von guten Regeln fördert Disziplin sowie beidseitiges Einverständnis und ermöglicht das Entstehen eines Sicherheitsgefühls. Die meisten Erwachsenen sind weniger konsequent, als sie es sein sollten, halten sich jedoch für konsequenter, als sie es in Wirklichkeit sind.

Selbstverständlich setzt konsequentes Handeln klare, eindeutige Regeln voraus. Meinen Eltern und Lehrer tatsächlich, was sie sagen, übernehmen sie auch die Verantwortung dafür, das Gesagte durchzusetzen. Auf diese Weise haben sie eine Vorbildfunktion für die Entwicklung des Verantwortungsbewußtseins beim Kind. Häufig hören sich Kinder an, was Eltern und Lehrer sagen, um dann zu testen, ob dies auch ernst gemeint war. Wenn Kindern Inkonsequenz begegnet, machen Sie die Erfahrung, daß man anders als vorausgesagt handeln darf. Das ist die Grundlage für Verantwortungslosigkeit. Wenn ein Erwachsener verspricht oder droht, etwas zu tun, sich aber nicht daran hält, gibt er dem Kind eindeutig zu verstehen, daß das Einhalten von Verpflichtungen nicht notwendig sei.

Vermeiden Sie Willkür

Willkürliches Handeln kann zweierlei sein: Die Eltern oder Lehrer tun etwas anderes, als sie voraussagten, oder sie tun etwas, wovor das Kind nicht gewarnt wurde und was es deshalb nicht erwartet.

Wenn sich Eltern willkürlich verhalten, kann ein Kind kaum die Folgen des eigenen Verhaltens, insbesondere die Reaktionen seiner Eltern, voraussagen. Unerwartetes Verhalten fördert Ängste und Frustration beim Kind und führt dazu, daß es sich weigert, Aufgaben zu erfüllen.

Um Willkür zu vermeiden, müssen Eltern und Lehrer klarstellen, was sie vom Kind wollen, dem Kind diese Erwartungen auf verständliche Art und Weise vermitteln und sich über die Folgen äußern, falls das Kind die Erwartungen erfüllt *oder* auch nicht erfüllt. Ohne eine solche Klarstellung wird willkürliches Handeln unvermeidbar. Es hilft Eltern und Lehrern, mit Konsequenz und Berechenbarkeit zu handeln, wenn sie sich im voraus über die Eventualitäten einer bestimmten Situation Gedanken machen. Willkür macht Kinder übervorsichtig und zögerlich. Sie machen ihre Aufgaben nicht vollständig oder zeigen eine eher schwache Leistung, da sie weder wissen, ob der Erwachsene eingreifen wird, noch, wie er reagieren wird, wenn sie selbst meinen, mit der Aufgabe fertig zu sein.

Um willkürliches Handeln zu vermeiden, sollten sich beide Eltern über ihre Erwartungen an das Kind und über den Umgang mit Problemen einig sein. Wenn zwischen den Eltern kein Konsens herrscht, ist das Kind zwangsläufig einer bestimmten Willkür ausgesetzt. Auch wenn jeder Elternteil von sich behaupten kann, konsequent zu handeln, erfährt das Kind lediglich Willkür und Inkonsequenz.

Häufig nehmen sich Eltern und Lehrer nicht genügend Zeit, um eine besonnene Entscheidung zu treffen. Sie sind vielleicht gerade sehr beschäftigt, wenn das Kind sie für etwas um Erlaubnis bittet. In solchen Augenblicken sind Eltern häufig inkonsequent. Sie werden von den eigenen Sachen abgelenkt und fühlen sich verärgert oder irritiert. In einer solchen Situation sind Eltern besser beraten, dem Kind zu erklären, daß sie im Augenblick keine Zeit haben, sich mit dem Problem auseinanderzusetzen. Sie können dem Kind sagen, daß es in zehn Minuten wiederkommen soll, damit das Problem vernünftig miteinander besprochen werden kann. Wenn sich Eltern ein wenig Vorbereitungszeit einräumen, sind Sie eher in der Lage, auf das Kind einzugehen und eine realistische Lösung zu finden. Häufig werden solche Ablenkungstaktiken von Kindern absichtlich eingesetzt, da sie glauben, ihre Wünsche auf diese Weise eher durchsetzen zu können.

Kinder müssen lernen, nicht zu stören, wenn Erwachsene beschäftigt sind. Wenn Erwachsene konsequent darauf hinweisen und ihr Versprechen einhalten, sich später mit den Problemen des Kindes zu befassen, lernt es, daß es sogar zu seinem Vorteil sein kann, seine Eltern nicht von anderen Dingen abzulenken.

Typisch in diesem Zusammenhang ist das Stören während eines Telefonats. Das Problem läßt sich lösen, wenn die Regel aufgestellt wird, daß das Kind seine Eltern beim Telefonieren nicht stören darf, wenn im voraus klargestellt wird, welche Bestrafung in einem solchen Fall eintritt, und wenn dem Kind vermittelt wird, daß sein Problem nach dem Telefonat besprochen wird. Wenn daraus eine allgemeine Regel entsteht, an die sich Eltern konsequent halten, ist damit meistens das Problem erledigt.

Eins sollte allerdings noch berücksichtigt werden.

Sosehr sich Eltern bemühen, nicht willkürlich zu handeln, wird dies immer wieder mal vorkommen. Es gibt Situationen, in denen es für Diskussionen keine Zeit gibt, in denen sofort gehandelt werden muß. Es gibt auch Situationen, in denen Eltern so aufgebracht, verärgert oder müde sind, daß sie sich zu irgend etwas entschließen, einfach um nicht verrückt zu werden. Vielen Eltern fällt es schwer, sich bei den eigenen Kindern zu entschuldigen, obwohl sich dadurch die Beziehung zu den Kindern schnell wieder aufrichten ließe. Einem Kind im nachhinein zu erklären, warum eine Entscheidung auf eine bestimmte Art und Weise getroffen wurde, kann ihm helfen, das Verhalten der Eltern besser zu verstehen. Mit anderen Worten, alle Eltern handeln von Zeit zu Zeit willkürlich, und daran ist nichts auszusetzen – vorausgesetzt, daß das nicht der Normalfall ist.

Verantwortung sollte belohnt werden

Es gibt zwei Beweggründe, die Kinder dazu anregen, sich angemessen zu verhalten: Das Streben nach Belohnungen und der Wunsch, Strafen zu vermeiden. Kinder, die für Verantwortungslosigkeit immer bestraft, aber für verantwortungsbewußtes Verhalten selten belohnt werden, entwickeln eine «schiefe» Einstellung ihren Aufgaben und Verpflichtungen gegenüber. Sie versuchen, durch Manipulation oder Lügen, Strafen zu vermeiden, finden jedoch keinen positiven Grund, um Verantwortung zu übernehmen. Eltern und Lehrer, die ein ernstes Interesse daran haben, Kindern Verantwortung beizubringen, sollten wissen, wie sie positives Verhalten belohnen können.

Kinder sind sehr konkret. Sie werden sich eher mit einer «unangenehmen» Aufgabe beschäftigen, wenn sie hinterher etwas Besonderes erleben werden. Viele Eltern sind besorgt, wenn ihre Kinder solche «materialistischen» Stadien durchleben. Eventuell möchten Kinder «bezahlt» werden, oder sie verhandeln mit den Eltern, bevor sie bestimmte Aufgaben im Haushalt erledigen. Viele Eltern fürchten, daß solche Einstellungen auf die Entwicklung schlechter Charaktereigenschaften beim Kind und auf eine ungesunde Einstellung Verantwortung gegenüber hinweisen. Im Grunde ist das eine ganz normale Phase, die lediglich darauf hinweist, daß das Kind konkrete Reaktionen sucht, um den eigenen Erfolg oder Mißerfolg besser einschätzen zu können.

Erwachsene werden häufig durch «innere Belohnungen», die sie sich selbst geben können, motiviert. Das heißt, sie sind mit einer guten Leistung zufrieden. Zudem verfügen sie über die Mittel, sich selbst zu belohnen. Zum Beispiel können sie sich nach einer befriedigenden Arbeit ein Essen im Restaurant gönnen. Kinder haben keine Kontrolle über die finanziellen Mittel, um sich selbst für gutes Verhalten zu belohnen. Deshalb ist es wichtig, ein System zu schaffen, anhand dessen das Kind mit Hilfe von Belohnungen die eigenen Fortschritte und Erfolge messen kann.

Auf Belohnungen hinzuarbeiten gibt Kindern die Möglichkeit, zielorientiertes Verhalten zu entwickeln. Reife zeichnet sich unter anderem durch das Hinarbeiten auf angemessene Ziele aus. Die Ziele von Kindern unterscheiden sich in dieser Hinsicht von denen der Erwachsenen. Wenn Kinder erkennen, daß sie ihre Wünsche durch eigene Bemühungen erfüllen können, wird ihnen bewußt, daß das Hinarbeiten auf bestimmte Ziele Vorteile hat.

Wenn Kinder sich auf eine Belohnung hin für etwas einsetzen, wird ihnen bewußt, daß sie *eigene* Ziele für ihr *eigenes* Verhalten setzen können und sich somit letztlich für das Erreichen ihrer Ziele *selbst* belohnen. Konkrete Belohnungen helfen Kindern, konkrete Ziele zu setzen. Sie haben eine tiefgreifende Auswirkung auf ihre Entwicklung und auf ihre Fähigkeit, Verantwortung zu übernehmen.

Eltern sollten sich darüber bewußt sein, welche Vielfalt an Belohnungen sie ihren Kindern zur Verfügung stellen können. Außer finanziellen oder materiellen Belohnungen sollten sie nie vergessen, wie wichtig Zeit, Aufmerksamkeit, Zuneigung und Mitgefühl sind. Es gibt Phasen im Leben des Kindes, in denen materielle Belohnungen am wichtigsten erscheinen. Wenn Kinder erfahren, daß sie für Leistung belohnt werden, wächst sowohl ihr Selbstbewußtsein als auch ihr Verantwortungsgefühl. Dies wiederum ist die Voraussetzung dafür, eine «innere Belohnung» zu empfinden.

Probleme in der Schule

Bereits bei der Einschulung haben Kinder eine Menge komplexer Einstellungen und Fähigkeiten. Der Erfolg in der Schule wird zum großen Teil durch ihren Umgang mit Grenzen und Regeln sowie durch ihre Verantwortungsbereitschaft bestimmt. Haben Kinder zu Hause nicht gelernt, verantwortlich zu sein, Aufgaben und Verpflichtungen angemessen zu übernehmen oder die Anleitungen ihrer Eltern zu befolgen, werden sie in der Schule eine schwere Zeit haben.

In einer Klasse mit 20 bis 30 Kindern, ja schon im Kindergarten, sind Regeln, Grenzen, Ordnung und Verantwortlichkeit notwendig. Bringt ein Kind diesbezüglich keine Erfahrung mit, werden ihm Lehrer nur schwer beibringen können, sich der Klassensituation anzupassen. In der Schule muß ein Kind für die meisten Aufgaben persönlich die Verantwortung übernehmen.

Auch wenn heutzutage vieles in der Schule in Gruppenarbeit stattfindet, ist Lernen immer noch ein individueller Prozeß. Ob die Schule eine lohnende Erfahrung wird, hängt davon ab, ob ein Schüler ihr gegenüber eine verantwortungsbewußte Einstellung hat bzw. die innere Bereitschaft mitbringt, «den eigenen Teil dazu beizutragen».

Bringen Kinder von vornherein die Voraussetzung mit, daß

sie Arbeit, Regeln und menschlichen Beziehungen gegenüber positiv eingestellt sind, werden sie eine Menge Verstärkung von den Lehrern erhalten; auch das kann ein Erfolgserlebnis sein. Haben Kinder zu Hause keine Verantwortung gelernt, werden sie sich dementsprechend in der Schule verhalten und dadurch eher Kritik auf sich ziehen und Mißerfolge erleben. Eltern spielen also eine wichtige Rolle für den schulischen Erfolg ihrer Kinder.

Schulische Leistung hängt eng mit Verantwortungsbewußtsein zusammen. Um lernen zu können, müssen Kinder die entsprechende Eigenverantwortung an den Tag legen. Während der Schullaufbahn werden Lernprozesse komplexer, wird Verantwortungsfähigkeit immer wichtiger.

Kinder, die in der Schule Schwierigkeiten haben, geben die Schuld dafür ihren Mitschülern, der Lernsituation, dem Lehrer, der Schwierigkeit des Unterrichtstoffes oder anderen Umständen. All das weist darauf hin, daß ein Kind noch nicht die Verantwortung für das eigene Lernen übernommen hat.

Schüler beklagen sich unter anderem darüber, daß sie sich langweilen, was häufig ein Zeichen dafür ist, daß sie selbst nicht in der Lage sind, sich für etwas aus den vorhandenen Alternativen zu entscheiden. Es ist richtig, daß Lehrer ihren Unterricht unterschiedlich interessant gestalten und daß Auswahlmöglichkeiten nicht immer sehr anregend sind. Dennoch darf man nicht übersehen, daß in jeder Klasse viele Möglichkeiten vorhanden sind, sich darüber zu entscheiden, was und wieviel ein Schüler tun möchte und wie er seine Arbeit machen will.

Kinder befinden sich in der Schule in einem ständigen Entscheidungsprozeß. Sie bestimmen beispielsweise darüber, ob sie die ihnen gestellten Aufgaben ausführen oder nicht. Mangelnde Verantwortung in der Schule zeichnet sich dadurch aus, daß Entscheidungen mit den Zielen der Klasse oder Schule nicht im Einklang sind und zu Mißerfolgen und übermäßiger Kritik führen. In den meisten Klassen werden Kinder, unabhängig von ihrem Leistungsniveau, für ihre Anstrengung belohnt. Kinder, die gelernt haben, Verantwortung zu übernehmen, werden sich stets Mühe geben, was – unabhängig von ihren intellektuellen Fähigkeiten – ihre Chancen auf schulischen Erfolg erhöht.

Die Anleitungen in diesem Buch lassen sich auch auf die Klassensituation übertragen. Um das Verantwortungsbewußtsein der Schüler zu unterstützen, ist es vor allem wichtig, die Abläufe innerhalb der Klasse so zu gestalten, daß die Schüler Entscheidungen treffen können, die sowohl ihre Fähigkeiten als auch ihre Interessen berücksichtigen. Lehrer können sicherstellen, daß die Schüler mit den Folgen ihrer Entscheidungen konfrontiert werden. Zudem können sie auf Alternativen hinweisen, die es den Schülern ermöglichen, sowohl den Klassenzielen als auch dem eigenen Erfolg gerecht zu werden.

Eltern unterstützen den Lernprozeß ihrer Kinder, wenn sie zu Hause ein Umfeld schaffen, in dem Verantwortung übernommen werden kann. Um ein positives Klassenklima herzustellen, fordern Lehrer bestimmte Verhaltensweisen von den Schülern, und auch diese können von den Eltern bestärkt werden. Von den Kindern wird verlangt, daß sie:

- auf Anweisungen hören
- bei der Erledigung von Aufgaben mitwirken
- Aufgaben rechtzeitig erledigen
- mit und nicht gegen den Lehrer arbeiten
- ihre Zeit effektiv einteilen
- sich selbst sowie ihr Arbeitsmaterial organisieren
- sich an Klassenaktivitäten beteiligen
- bereit sind, sich Mühe zu geben.

Wenn sich Kinder anders verhalten, stören sie die Klassenkameraden und stehen sich selbst im Wege.

Erfahren Eltern, daß sich ihr Kind verantwortungslos in der

Schule verhält, sollten sie zu Hause entsprechend reagieren, ihrem Kind eindeutig signalisieren, daß sie von ihm angemessenes Verhalten in der Schule verlangen und auch bereit sind, sich dafür einzusetzen.

Um die notwendigen Informationen über Ihr Kind zu erhalten, ist es wichtig, regelmäßigen Kontakt mit den Lehrern zu halten. Häufig müssen Eltern den ersten Schritt tun. Eltern sollten wissen, ob das Kind gute oder schlechte Leistungen erbringt, ob sich sein Verhalten verbessert oder verschlechtert und ob es sich anstrengt. Sie können das Kind auch durch Belohnungen anspornen – oder bei schlechtem Benehmen andere Maßnahmen ergreifen.

Verfolgen Eltern und Lehrer unterschiedliche Ziele, leidet das Kind. Um das Verhalten des Kindes zum Guten zu beeinflussen, müssen sie dagegen zusammenarbeiten.

Woran man verantwortungsbewußte Kinder erkennt

Kinder handeln dann verantwortungsvoll, wenn sie sich in der Familie und in der Schule angemessen verhalten, ohne immer wieder daran erinnert werden zu müssen.

Viele Kinder folgen Anweisungen sehr gut, ohne deshalb verantwortungsbewußt zu sein. Verantwortungsbewußtsein heißt, eine Situation nach *eigener* Erfahrung und im Bewußtsein der Erwartung anderer einschätzen zu können und die Entscheidung, sich angemessen zu verhalten, unabhängig zu treffen. Eltern und Lehrer, die nur stolz darauf sind, daß ihren Befehlen gehorcht wird, erziehen ihre Kinder nicht zu Verantwortungsbewußtsein.

Wenn Kinder Verantwortung übernehmen, brauchen Eltern und Lehrer ihnen nicht in jeder Situation zu sagen, wie sie sich verhalten sollen. Kinder entwickeln angemessene Verhaltensmuster zu gestellten Erwartungen, indem sie aus ihrer bisherigen Erfahrung schöpfen. Erst wenn sie das tun, fangen sie an, verantwortungsvoll zu handeln. Ein Kind handelt dann verantwortungsbewußt, wenn es:

- regelmäßig Pflichten erfüllt, ohne jedesmal daran erinnert zu werden
- sein Tun begründen kann
- andere nicht übermäßig beschuldigt
- zwischen verschiedenen Möglichkeiten die Wahl treffen kann
- ohne unmäßiges Unbehagen allein spielen oder arbeiten kann
- Entscheidungen treffen kann, die von denen anderer Gruppenmitglieder abweichen
- verschiedene Ziele und Interessen mit ganzer Aufmerksamkeit verfolgen kann
- die Grenzen der Eltern ohne Streiterei respektieren kann
- über einen längeren Zeitraum seine Aufmerksamkeit auf komplexe Aufgaben richten kann, ohne übermäßig frustriert zu werden
- tut, was es angekündigt hat
- Fehler ohne allzu weitschweifige Erklärungen zugeben kann.

mit kindern leben

Schwangerschaft, Geburt und die ersten Lebensjahre.

Ines Albrecht-Engel (Hg.)
Geburtsvorbereitung
Handbuch für werdende Mütter und Väter. Empfohlen von der Gesellschaft für Geburtsvorbereitung
(rororo sachbuch 9392)
Wo bringe ich unser Kind zur Welt? *Geburtshaus, Klinik, zu Hause: Vorteile und Risiken*
(rororo sachbuch 60200)

Claudia Bruder
Babys natürlich wickeln
Alternativen zur luftdichten Verpackung
(rororo sachbuch 9903)

Hermann Bullinger
Wenn Paare Eltern werden
Die Beziehung zwischen Frau und Mann nach der Geburt des Kindes
(rororo sachbuch 8096)

Beate Daas / Britta Ludwig
Was mein Baby essen soll
Gesunde Ernährung für Säuglinge und Kleinkinder
(rororo sachbuch 9592)

Irene Dalichow
Sanfte Massagen für Babys, Kinder und Eltern *Liebe, die durch die Haut geht*
(rororo sachbuch 8597)

Sabine Friedrich / Volker Friebel
Einschlafen, Durchschlafen, Ausschlafen *Ruhigere Nächte für Eltern und Kinder*
(rororo sachbuch 9397)

Rita Haberkorn
Zwillinge *Was Eltern und Pädagogen wissen müssen*
(rororo sachbuch 9998)

rororo sachbuch

Regina Hilsberg
Schwangerschaft, Geburt und erstes Lebensjahr *Ein Begleiter für werdende Eltern*
(rororo sachbuch 8519)

Bettina Mähler/ Karin Osenbrügge
Die ersten Wochen mit dem Baby
(rororo sachbuch 8766)

Andreas Ott
Risiko Plötzlicher Säuglingstod
Empfehlungen zur Vorbeugung
(rororo sachbuch 9726)

Petra Otto
Die Lust neu entdecken *Sex in der Schwangerschaft und nach der Geburt*
(rororo sachbuch 60150)

Jürgen Steidinger / Klaus J. Uthicke
Frühgeborene *Von Babys, die nicht warten können*
(rororo sachbuch 8504)

Ein Gesamtverzeichnis aller lieferbaren Titel der Reihe *mit kindern leben* finden Sie in der *Rowohlt Revue*. Jedes Vierteljahr neu. Kostenlos. In Ihrer Buchhandlung.

3640/1

mit kindern leben

Ratgeber für den Umgang mit Kindern im Alltag – Praktische Tips, Ideen, Anregungen.

Michael Bode / Christian Wolf
Still-Leben mit Vater *Zur Abwesenheit von Vätern in der Familie*
(rororo sachbuch 9762)

Christa Brauns-Hermann, Bernd M. Busch / Hartmut Dinse (Hg.)
Verlorene Liebe – gemeinsame Kinder *Elterliche Sorge nach der Trennung*
(rororo sachbuch 9764)

Astrid von Friesen
Geld spielt keine Rolle *Erziehung im Konsumrausch*
(rororo sachbuch 9680)

Ulla Gretsch / Babette Lissner
Elternratgeber Computer *Chancen und Gefahren für die kindliche Entwicklung*
(rororo sachbuch 9564)

Gunhild Gutschmidt / Angela-Paula Heider
Recht und Geld für Alleinerziehende
(rororo sachbuch 9558)

Werner Haas
Der alltägliche Erziehungskampf *Wie Kinder Erziehung erleben*
(rororo sachbuch 9329)
Partnerschaft mit Kindern *Ein Ratgeber für den Erziehungalltag*
(rororo sachbuch 8579)

rororo sachbuch

Egbert Haug-Zapp / Rieke Müller-Kaldenberg
Mütter mit Beruf *Balance zwischen Kindern, Partner und Kollegen*
(rororo sachbuch 8748)

Charles E. Schaefer / Theresa Foy DiGeronimo
Die zwanzig häufigsten Erziehungsfehler – und wie man sie vermeidet
(rororo sachbuch 9712)

Andreas Schmidt
Väter ohne Kinder *Sorge, Recht und Alltag nach Trennung oder Scheidung*
(rororo sachbuch 9398)

Ursula Stolz
Der kleine Ratgeber für Großeltern
(rororo sachbuch 9679)

Ein Gesamtverzeichnis aller lieferbaren Titel der Reihe *mit kindern leben* finden Sie in der *Rowohlt Revue*. Jedes Vierteljahr neu. Kostenlos. In Ihrer Buchhandlung.

3640/1a